UNESCO-Welterbe auf nationaler Ebene: Verpflichtungen
und Herausforderungen

Völkerrecht, Europarecht und Internationales Wirtschaftsrecht

Herausgegeben von Peter Hilpold und August Reinisch

Band 27

PETER LANG

Mona Mairitsch

UNESCO-Welterbe auf nationaler Ebene: Verpflichtungen und Herausforderungen

Am Beispiel Österreichs

PETER LANG

Bibliografische Information der Deutschen Nationalbibliothek
Die Deutsche Nationalbibliothek verzeichnet diese Publikation in der
Deutschen Nationalbibliografie; detaillierte bibliografische Daten sind im
Internet über http://dnb.d-nb.de abrufbar.

UNESCO

United Nations
Educational, Scientific and
Cultural Organization

Österreichische UNESCO-Kommission
Austrian Commission for UNESCO

Bundeskanzleramt

ISSN 1862-457
ISBN 978-3-631-77049-8 (Print)
E-ISBN 978-3-631-77282-9 (E-PDF)
E-ISBN 978-3-631-77283-6 (EPUB)
E-ISBN 978-3-631-77284-3 (MOBI)
DOI 10.3726/b15226

© Peter Lang GmbH
Internationaler Verlag der Wissenschaften
Berlin 2019
Alle Rechte vorbehalten.

Peter Lang – Berlin · Bern · Bruxelles · New York ·
Oxford · Warszawa · Wien

Diese Publikation wurde begutachtet.

www.peterlang.com

Vorwort

In den letzten Jahren wurden Fragen der vertragskonformen Umsetzung der völkerrechtlichen Verpflichtungen der Parteien des UNESCO-Übereinkommens zum Schutz des Kultur- und Naturerbes der Welt kontrovers debattiert. Auch in Österreich wurden diese Themen teilweise unter prominenter medialer Unterstützung manchmal sogar sehr hitzig diskutiert.

Die vorliegende Arbeit von Frau Dr. Mona Mairitsch hat sich die verdienstvolle Aufgabe gestellt, die konkreten Verpflichtungen und dabei insbesondere die Kernpflichten in den Artikeln 4 und 5 sowie 6 des UNESCO-Übereinkommens im Hinblick auf den nationalen und internationalen Schutz von Kulturgütern eingehend und sachlich zu untersuchen.

Dies ist ihr hervorragend gelungen. Sie gibt einen sehr guten Überblick über die Entstehung des Übereinkommens und seine wesentlichen Verpflichtungen sowie über die rechtliche Natur nicht nur des Übereinkommens selbst, sondern auch der darauf fußenden operativen Richtlinien und Beschlüsse des UNESCO-Komitees.

Dann analysiert die Verfasserin ausführlich die rechtliche Natur der allgemeinen Schutz- und Erhaltungspflichten für Kultur- und Naturerbestätten von außergewöhnlichem universellem Wert auf dem Hoheitsgebiet der Vertragsstaaten sowie ihre Kooperationspflichten zu deren internationalem Schutz.

Abschließend widmet sich Frau Dr. Mairitsch den Umsetzungsproblemen in der österreichischen Rechtsordnung und entwickelt eine Reihe von Verbesserungsvorschlägen, die von einer verstärkten Berücksichtigung des Kultur- und Naturerbeschutzes in diversen Legislativakten bis zur Schaffung neuer Kompetenztatbestände reichen.

Damit liegt hier eine innovative Studie zu einem klassischen völkerrechtlichen Thema, nämlich der adäquaten Umsetzung völkervertragsrechtlicher Verpflichtungen, vor.

August Reinisch

Danksagung

Nach fast fünfzehn Jahren bei der Österreichischen UNESCO-Kommission war es mir ein Anliegen, die bisher noch wenig behandelte, aber grundlegende Frage zu beleuchten, welche nationalen Verpflichtungen Vertragsstaaten aus dem Welterbe-Übereinkommen erwachsen und welchen Rechtsqualität diese besitzen. Mein postgraduales Masterstudium der Rechtswissenschaften (Master of Legal Studies) mit dem Schwerpunkt Völkerrecht und Europarecht bot mir die ideale Möglichkeit, dieses Thema auf akademischer Ebene zu bearbeiten.

Danken möchte ich Univ.-Prof. MMag. Dr. August Reinisch, LL.M. (NYU) für die ausgezeichnete Betreuung und Unterstützung. Ebenso möchte ich Priv.-Doz. Dr. Wolfgang Wessely, LL.M. meinen Dank aussprechen. Er stand mir immer für komplexe Fragen zum nationalen Verwaltungsrecht zur Verfügung. Dank geht auch an RA Dr. Nikolaus Kraft für das kritische Korrekturlesen weiter Teile der Arbeit.

Ein besonderer Dank gilt meinem Mann und meinen Kindern, die die vielen Stunden an denen ich an der Arbeit saß, ohne mich auskommen mussten und mich immer tatkräftig unterstützt haben. Danken möchte ich auch meiner Mutter und meiner Schwester für die zahlreichen Korrekturlesungen.

Spezieller Dank ergeht auch an das Bundeskanzleramt/Kunst und Kultur, Abteilung Denkmalschutz und Kunstrückgabeangelegenheiten und MR Dr. Christoph Bazil, sowie ganz besonders an Mag. Ruth Veronika Pröckl (Welterbe-Referat) für die stete gute Zusammenarbeit und Unterstützung.

Dank geht auch an die Österreichische UNESCO-Kommission und Generalsekretärin Gabriele Eschig, die mir durch eine Arbeitsstundenreduktion meine postgraduale Weiterbildung erleichterte.

Werden Personenbezeichnungen aus Gründen der besseren Lesbarkeit lediglich in der männlichen oder weiblichen Form verwendet, so schließt dies das jeweils andere Geschlecht mit ein.

Mona Mairitsch

Inhaltsverzeichnis

Abkürzungsverzeichnis

Abs	Absatz
Anm	Anmerkung
Art	Artikel
BMUKK	Bundesministerium für Unterricht, Kunst und Kultur
BDA	Bundesdenkmalamt
BGBl	Bundesgesetzblatt
B-VG	Bundes-Verfassungsgesetz idF von 1929
BVwG	Bundesverwaltungsgericht
bzw	beziehungsweise
Dh	Das heißt
DMSG	Denkmalschutzgesetz
ha	Hektar
ICOMOS	International Council on Monuments and Sites
idF	in der Fassung
idS	in diesem Sinn
ieS	im enge(re)n Sinn
insb	insbesondere
idR	in der Regel
iS	im Sinne
iSd	im Sinne der/des
IUCN	International Union for Conservation of Nature
iwS	im weite(re)n Sinn
lit	litera
LVwG	Landesverwaltungsgericht
m	Meter
NGO	Non-Governmental Organization
NÖ	Niederösterreich
Oö	Oberösterreich
ÖVP	Österreichische Volkspartei
Para	Paragraph
ua	unter anderem
UNESCO	United Nations Educational, Scientific and Cultural Organization
UVP	Umweltverträglichkeitsprüfung
UVP-G	Umweltverträglichkeitsprüfungsgesetz

VwGH	Verwaltungsgerichtshof
WHC	World Heritage Committee
WVK	Wiener Übereinkommen über das Recht der Verträge (Wiener Vertragsrechtskonvention)
zB	zum Beispiel

1. Einleitung
Themenskizze, Literatur, Aufbau der Arbeit

Das UNESCO-Welterbe mit dem „Übereinkommen zum Schutz des Kultur-
und Naturerbes der Welt"[1] aus 1972, im Folgenden Welterbe-Übereinkommen,
weist eine bemerkenswerte Erfolgsgeschichte auf: Von 193 Staaten[2] unterzeich-
net, besitzt es universelle Gültigkeit und zählt zu den Völkerrechtsverträgen mit
den meisten Vertragsstaaten.[3] Die Welterbeliste[4] verleiht dem Übereinkommen
große Sichtbarkeit und den Staaten Ansehen. Mittlerweile verzeichnet sie über
1.000 Welterbestätten[5] und ein Ende dieser Popularität ist nicht in Sicht.

Die anfängliche Euphorie weicht aber auch langsam einer gewissen Ernüch-
terung. In den ersten Jahrzehnten wurde das Welterbe vor allem als Prädikat,
als Auszeichnung ohne weitere oder weitreichendere Verpflichtungen wahr-
genommen. Der rechtliche Schutz, der vom Übereinkommen ausgehen sollte,
schien in der Praxis auch kaum Probleme aufzuwerfen. Gab es Interessenskon-
flikte, konnten diese durch Verhandlungen im Vorfeld, Kompromisse und Ein-
geständnisse für alle Parteien mehr oder weniger zufriedenstellend beigelegt
werden.

In den letzten Jahrzehnten stiegen jedoch in Zahl und Ausmaß die Problem-
fälle in Welterbestätten, zumeist verbunden mit Bauvorhaben. Auch in Österreich ist keine der Welterbestätten[6] von größeren Konflikten verschont geblieben,

---

1 *„Übereinkommen zum Schutz des Kultur- und Naturerbes der Welt"* BGBl 60/1993,
   zuletzt geändert durch BGBl III 84/2017; *„Convention Concerning the Protection of
   the World Cultural and Natural Heritage"*, Adopted by the General Conference at its
   seventeenth session, Paris, 16 November 1972, http://whc.unesco.org/en/convention-
   text/ (zuletzt abgefragt am 29.11.2018).
2 States Parties to the World Heritage Convention, in chronological order, http://www.
   unesco.org/eri/la/convention.asp?KO=13055&language=E (zuletzt abgefragt am
   29.11.2018).
3 https://blogs.un.org/blog/2012/09/24/most-ratified-international-treaties/ (zuletzt
   abgefragt am 4.11.2018).
4 http://whc.unesco.org/en/list/ (zuletzt abgefragt am 29.11.2018).
5 Ibid.
6 *„Historisches Zentrum der Stadt Salzburg"*, *„Schloss und Gärten von Schönbrunn"*,
   „Hallstatt-Dachstein/Salzkammergut", *„Semmeringeisenbahn"*, *„Stadt Graz – Historisches Zentrum und Schloss Eggenberg"*, *„Wachau"*, *„Historisches Zentrum von Wien"*,

die in vielen Fällen medial ausgetragen wurden und werden. Überblicksmäßig seien hier erwähnt:

- die ‚Semmeringeisenbahn‘ mit dem Bau des Semmering-Basistunnels;
- die historischen Stadtzentren von ‚Graz‘ und ‚Salzburg‘ mit diversen Bauvorhaben wie dem Kastner & Öhler Ausbau oder die Bebauung des Dr.-Franz-Rehrl-Platzes;
- die Kulturlandschaften ‚Wachau‘, ‚Hallstatt-Dachstein/Salzkammergut‘ und der ‚Neusiedler See‘ mit Gewerbe- und Wohnbauprojekten und der Frage der landschaftsverträglichen Bebauung;
- ‚Schönbrunn‘ mit einem geplanten Hochhaus auf den sogenannten Komet-Gründen, oder die beabsichtigte Integrierung des Botanischen Gartens in den Zoo;
- das historische Zentrum von ‚Wien‘ mit Hochhausprojekten in Wien-Mitte, beim neu entwickelten Areal des Hauptbahnhofs und aktuell am Heumarkt. Das Projekt ‚Hotel Intercontinental-Eislaufverein-Konzerthaus‘ am Heumarkt mit seinem projektierten 72 m und dann auf 63 m reduzierten Wohnturm, das sich in der Kernzone des Welterbegebietes befindet, hat ua sogar dazu geführt, dass das „Historische Zentrum von Wien" vom Welterbekomitee bei seiner 41. Sitzung in Krakau im Juli 2017 als gefährdet eingestuft und auf die „Liste des gefährdeten Erbes der Welt" gesetzt wurde.[7]

Bei all diesen Konflikten wurde das Übereinkommen je nach Interessenslage in den Mittelpunkt der Argumentation gegen einen Bau gestellt oder es wurde als innerstaatlich rechtlich irrelevantes Instrument, als Geschmacksfrage abgetan. Eine profunde Auseinandersetzung mit dem Übereinkommen und seinen rechtlichen Implikationen fand jedoch kaum statt. Diese Tatsache spiegelt sich auch in der vorhandenen Literatur zum Thema Welterbe und Recht wider. Im Vergleich zu anderen UNESCO-Rechtsinstrumenten gibt es hierzu wenig Literatur. Erst der Streit um den Bau der vierspurigen Waldschlößchenbrücke in der Welterbestätte Dresdner Elbtal, wo sich deutsche Gerichte bis hin zum Bundesverfassungsgericht[8] mit dem Übereinkommen beschäftigen mussten, führte im

---

„Fertö-Neusiedler See", „Prähistorischen Pfahlbauten um die Alpen", „Buchenwälder und Buchenurwälder der Karpaten und anderer Regionen Europas", http://www.unesco. at/kultur/welterbe/die-oesterreichischen-welterbestaetten/ (zuletzt abgefragt am 29.11.2018).

7 UNESCO Doc. Decision 41 COM 7B.42, Historic Centre of Vienna (Austria) (C1033).

8 BVerfG, Beschluss der 1. Kammer des Zweiten Senats vom 29. Mai 2007, 2 BvR 695/07 Rn 1–42.

deutschsprachigen Raum zu einem Wandel und es begann eine systematische Auseinandersetzung mit dem Thema.

Auch in Österreich gewinnt, ausgelöst durch das umstrittene Hochhausprojekt am Heumarkt in Wien, die Frage der rechtlichen Bindungswirkung des Übereinkommens an Relevanz.[9] Dabei profitieren wir von der infolge des deutschen Rechtsstreits entstandenen Fachliteratur, auch wenn ihre Anzahl weiterhin überschaubar bleibt. Bei der Rechtsprechung müssen wir uns mit ein paar wenigen verwaltungsgerichtlichen Entscheidungen und einer höchstgerichtlichen Entscheidung begnügen.[10] Das Welterbe-Übereinkommen ist damit weder wissenschaftlich ausreichend abgehandelt, noch durch- oder ausjudiziert, als dass man von einer übereinstimmenden Auslegung sprechen könnte.

Diese Forschungsarbeit hat daher zum Ziel:

1. Das Übereinkommen allgemein auf die den Vertragsstaaten erwachsenden Verpflichtungen hin zu untersuchen. Damit wird ein in dieser Form bisher noch nicht dargestellter Überblick über die Rechte und Pflichten der Vertragsstaaten gegeben.
2. Konkret wird der Frage nachgegangen, ob Vertragsstaaten eine Pflicht zum innerstaatlichen Schutz trifft und wenn ja, welche Rechtsqualität diese besitzt. Damit werden die bei Konflikten aufkommenden Fragen der Verpflichtungsart und des Verpflichtungsgrades, die wie erwähnt bisher weder wissenschaftlich ausreichend abgehandelt noch ausjudiziert wurden, eingehend analysiert und beantwortet.
3. Des Weiteren wird die Umsetzung des Übereinkommens in Österreich vor dem Hintergrund der erforderlichen Transformation in österreichisches Recht beleuchtet. Damit werden anhand von Rechtsprechung und Literatur Schlussfolgerungen auf die immer wieder auftretenden Konflikte gezogen und wird ein kurzer Ausblick samt Lösungsansätze gegeben.

---

9 Im aktuellen Regierungsprogramm (2017–2022) sind der *„Schutz des UNESCO-Weltkulturerbes in Österreich als wichtigen Anziehungspunkt für Touristen aus dem In- und Ausland"*, sowie *„gleichzeitig richtige Rahmenbedingungen für innovative Neubauten schaffen"* und die *„Überprüfung der Eingriffsmöglichkeit des Bundes in die Bau- und Raumordnung zur Einhaltung völkerrechtsverbindlicher Verträge"* enthalten: „Zusammen. Für unser Österreich. Regierungsprogramm 2017–2022", 95. Dazu auch Pressekonferenz zum „Weltkulturerbe Wien" am 1. Februar 2018 https://m.youtube.com/watch?v=yLJYwyrwWm0 (abgefragt am 5.2.2018).

10 Dazu ausführlich Kapitel 5.3.

Konkret stehen somit die folgenden Fragen im Vordergrund:

- Welche Rechte und Pflichten erwachsen den Vertragsstaaten;
- Insb in Bezug auf die nationale Verpflichtung zum Schutz und Erhalt?
- Wie wurde das Übereinkommen in Österreich umgesetzt (Gesetzgebung und Vollzug)?
- Warum kommt es in der Praxis immer wieder zu Konflikten?

In diesem Sinne ist dieses Buch wie folgt aufgebaut:

In Kapitel 2 wird ein Überblick über die Thematik gegeben und die allgemeine Problematik skizziert.

In Kapitel 3 wird das Übereinkommen allgemein beleuchtet, ein Rückblick auf die Entstehungsgeschichte gegeben und die Rechtsnatur des Übereinkommens erörtert. Außerdem wird der Norminhalt besprochen und das Rechtsinstrument auf die den Staaten erwachsenden Rechte und Pflichten hin untersucht und überblicksmäßig dargestellt.

In Kapitel 4 wird dann der Fokus auf die Kernverpflichtungen zum nationalen und internationalen Schutz des Kultur- und Naturerbes gelegt. Die Art 4 –6 im Übereinkommen, die diese Kernverpflichtungen normieren, werden einer genauen Analyse unterzogen. Dabei wird besonders auf die Verpflichtungsart, den Verpflichtungsgrad, den Schutzgegenstand und die Schutzmaßnahmen eingegangen und eine Antwort auf die Frage, ob Staaten eine Verpflichtung zum innerstaatlichen Schutz trifft, gegeben.

In Kapitel 5 wird die rechtliche Umsetzung des Übereinkommens in Österreich dargestellt und die Rechtsprechung analysiert.

Des Weiteren werden die Ursachen der immer wieder auftretenden Konflikte beleuchtet und am Ende, in Kapitel 6, ein Ausblick gewagt.

IS der Interpretation von Vertragsbestimmungen gemäß Art 31 bis 33 des Wiener Übereinkommens über das Recht der Verträge von 1969 (Wiener Vertragsrechtskonvention, WVK)[11] und iS der juristischen Methodenlehre, Arbeitstechnik und des wissenschaftlichen Arbeitens[12] kommen den Rechtsvorschriften, also dem Vertragstext des Übereinkommens sowie den Durchführungsrichtlinien, den *Operativen Richtlinien für die Umsetzung des*

---

11 BGBl 40/1980; *Binder/Zemanek*, Das Völkervertragsrecht, in *Reinisch* (Hrsg.), Österreichisches Handbuch des Völkerrechts⁵ (2013) Rz 317 ff.

12 *Möllers*, Juristische Arbeitstechnik und wissenschaftliches Arbeiten⁹ (2018); *Kerschner*, Wissenschaftliche Arbeitstechnik und Methodenlehre für Juristen⁶ (2014).

Welterbe-Übereinkommens[13] besondere Bedeutung zu. Wo zur Interpretation und Analyse nötig, wird auch auf die ergänzenden Auslegungsmittel zurückgegriffen, also auf die *travaux préparatoires* und im Falle der Ratifizierung durch Österreich die Regierungsvorlage, sowie auf die übereinstimmende Vertrags- und Anwendungspraxis. Weiteres wird die österreichische Rechtsprechung berücksichtigt, sowie Monographien, Fachartikel und Lehrbücher iS der herrschenden Lehre herangezogen.[14] Der 2008 von *Francioni*[15] herausgegebene Kommentar zum Übereinkommen ist eine besonders wichtige Informationsquelle, denn es ermöglicht eine kompakte wissenschaftliche und praktische Erfassung des Übereinkommens.[16] Die Ausführungen im Kommentar zu den Art 4 und 5, die als Schlüsselbestimmungen zum innerstaatlichen Schutz für die nationale Ebene von großer Bedeutung sind und im Mittelpunkt dieser Arbeit stehen, geben jedoch – wie auch *Pfeifle*[17] in seiner Rezension zum Kommentar kritisch anmerkt – nur begrenzt Aufschluss über ihren normativen Gehalt. Auf lediglich sechs Seiten werden beide Artikel abgehandelt und dabei auch nur beschränkt Überlegungen zu Auslegung und Inhaltskonkretisierung angestellt. Dabei wäre es wichtig gewesen, deren Gehalt genauer herauszuarbeiten, gerade weil diese Bestimmungen dem Wortlaut nach auslegungsbedürftig sind und unter zahlreichen Vorbehalten stehen. *Carducci*,[18] der diesen Beitrag verfasst hat, bringt zwar die Artikel untereinander in Zusammenhang und arbeitet die Eigenständigkeit gegenüber dem folgenden Abschnitt im Übereinkommen heraus, streift jedoch dann nur die Auslegungsmöglichkeiten und führt diese letztendlich keiner eindeutigen Inhaltskonkretisierung zu. Ausgiebiger widmet er sich der Frage der allgemeinen Staatenverantwortlichkeit, wobei er auch auf die Frage, ob beim Welterbe eine Verpflichtung gegenüber der gesamten internationalen Gemeinschaft (*erga omnes*) oder einer

---

13 *The Operational Guidelines for the Implementation of the World Heritage Convention* StF CC-77/CONF.001/8 idF WHC.17/01 12 July 2017.

14 *Binder/Zemanek* in *Reinisch* Rz 325, 337 ff; *Schroeder/Karl*, Sonstige Quellen, in *Reinisch* Rz 504 ff, 508 ff, 511 f.

15 *Francioni* (Hrsg.), The 1972 World Heritage Convention. A Commentary (2008).

16 Auch *O'Keef* (Hrsg.), Cultural heritage conventions and other instruments: a compendium with commentaries (2011).

17 Pfeifle, The 1972 World Heritage Convention. A Commentary, Rezension, in Archiv des Völkerrechts (2009).

18 *Carducci*, Articles 4–7. National and International Protection of the Cultural and Natural Heritage, in *Francioni*, A Commentary 103–145.

Gruppe von Staaten (*erga omnes partes*) vorliegen könnte, keine abschließende Antwort gibt.[19]

Die Frage, ob Vertragsstaaten eine Verpflichtung zum nationalen Schutz und Erhalt der „eigenen" Welterbestätten trifft, ist jedoch eine Schlüsselfrage, die noch nicht ausreichend abgehandelt und abschließend geklärt ist, als dass man von einer herrschenden Auffassung sprechen kann. Diese Arbeit leistet daher einen Beitrag in diesem Sinne.

---

19 Pfeifle, The 1972 World Heritage Convention. A Commentary, Rezension, in Archiv des Völkerrechts 138 ff.

2. Überblick über die Thematik und Grundproblematik
Die Theorie und die Praxis

Konkrete Auslöser für die Entstehung des Welterbe-Übereinkommens waren zwei große Ereignisse in den 60er Jahren des 20. Jahrhunderts: der Bau des Assuan-Staudammes in Ägypten mit der drohenden Überflutung der Tempel von Abu Simbel und das große Hochwasser von Venedig und Florenz 1966 mit verheerenden Folgen für historische Bauten und Kunstschätze. Die auf Ansuchen der jeweiligen Regierungen und unter der Ägide der UNESCO stattgefundenen internationalen Rettungsaktionen waren prompt und effektiv. Die Tempel von Abu Simbel und Philae wurden Stein für Stein abgetragen und auf einem erhöhten Gebiet wieder aufgebaut, wo sie heute noch stehen.[20] In Venedig und Florenz konnten dank internationaler technischer und finanzieller Unterstützung bedeutende historische Gebäude restauriert und geschützt werden.[21]

Den Staaten wurde damit bewusst, dass das Kultur- und Naturerbe äußerst fragil ist und es einer gemeinsamen Anstrengung bedarf, Stätten von *außergewöhnlichem universellem Wert*[22] auch *für zukünftige Generationen zu erhalten*, denn Verfall, Zerstörung oder Verlust jedes einzelnen Bestandteils wäre ein *unersetzlicher Verlust für die gesamte Menschheit.*[23]

---

20 Zur Geschichte des Übereinkommens insb *Cameron/Rössler*, Many Voices, One Vision: The Early Years of the World Heritage Convention (2013) 1–16; Brief History, UNESCO WHC Website, http://whc.unesco.org/en/convention/brief history (zuletzt abgefragt am 11.10.2018).

21 Brief History, UNESCO WHC Website, http://whc.unesco.org/en/convention/brief history (zuletzt abgefragt am 11.10.2018); konkret zur UNESCO rescue campaign of Nubian Monuments and Sites, http://whc.unesco.org/en/activities/173/ (abgefragt am 11.10.2018) und zur UNESCO International campaign for the safeguarding of Venice. Review of results, http://unesdoc.unesco.org/images/0009/000946/094690EB. pdf (abgefragt am 11.10.2018).

22 *„Von außergewöhnlichem universellem Wert"/„outstanding universal value"*, siehe Art 1 und 2, Übereinkommen zum Schutz des Kultur- und Naturerbes der Welt BGBl 60/1993.

23 Präambel des Übereinkommens zum Schutz des Kultur- und Naturerbes der Welt BGBl 60/1993.

Die Grundidee des Welterbes ist somit einfach: Die Vertragsstaaten erfassen, schützen und erhalten das auf ihrem Gebiet befindliche Kultur- und Naturerbe von außergewöhnlichem universellem Wert und sichern sich gegenseitig Hilfe und Zusammenarbeit zu.

So einfach jedoch die Idee scheint, so schwierig erweist sich ihre Realisierung in der Praxis:

- Ein Problem liegt – wie es auch *Perthold-Stoitzner*[24] formuliert hat – „*im Spagat zwischen der Internationalität des Gedankens des Welterbes und der Gebundenheit des Schutzes der Objekte an die Souveränität der jeweiligen Staaten*": Stätten von außergewöhnlichem universellem Wert werden als *Erbe der Menschheit* anerkannt und stehen damit unter der (ideellen) Obhut der internationalen Staatengemeinschaft. Gleichzeitig bleiben jedoch Verantwortung und Durchführung des Schutzes und Erhalts bei den jeweiligen souveränen Vertragsstaaten.[25] Eine Übertragung von Souveränitätsrechten an die UNESCO oder eine Verschiebung von Eigentumsrechten ist mit dem Übereinkommen nicht erfolgt. Somit müssen verschiedene Rechtsgebiete – Privatrecht und Öffentliches Recht, nationales Recht und Völkerrecht, Soft-Low und zwingendes Recht – nebeneinander koexistieren, sie müssen miteinander interagieren, aber sie können auch kollidieren.[26]
- Ein weiteres Problem ergibt sich aus dem Übereinkommen selbst: Aus dem Vertragstext lassen sich die den Vertragsstaaten erwachsenden Pflichten in Bezug auf den nationalen Schutz und Erhalt von Stätten nicht zweifelsfrei ableiten. Die relevanten Art 4 und 5 sind nicht ausreichend bestimmt, stehen unter Vorbehalten und lassen damit Raum für Interpretation. So öffnen sich je nach Interessenslage unterschiedliche Auslegungs- und Anwendungsmöglichkeiten bei der interstaatlichen Schutz- und Erhaltungspflicht.

---

24 *Perthold-Stoitzner*, Das Übereinkommen zum Schutz des Kultur- und Naturerbes der Welt aus völkerrechtlicher und innerstaatlicher Sicht, in Journal für Rechtspolitik (2011) 112.

25 Zur Souveränität der Staaten in der internationalen Realität der Gegenwart *Reinisch/Neuhold*, Grundlagen und Rahmenbedingungen des heutigen Völkerrechts, in *Reinisch* Rz 29 ff.

26 *Francioni*, Plurality and Interaction of legal orders in the Enforcement of Cultural Heritage Law, in *Francioni/Gordley* (Hrsg.), Enforcing International Cultural Heritage Law (2013) 9.

- Als drittes Problem hat sich die Komplexität der Schutzgüter herausgestellt: Sie werden von einer Vielzahl an Normen und Regelungen (mit-) geschützt, die aufeinander abgestimmt sein müssen, die aber auch untereinander in Kollision treten können und dann einer Abwägung bedürfen. Beispielsweise haben wir es allein in Österreich mit sechs verschiedenen Arten von Welterbestätten zu tun:
  - ein Einzeldenkmal samt historischem Garten (Schönbrunn),
  - drei historische Stadtzentren (Salzburg, Graz und Wien),
  - eine technische Errungenschaft, nämlich eine noch in Betrieb stehende Bahnstrecke (Semmeringeisenbahn),
  - drei Kulturlandschaften (Wachau, Hallstatt-Dachstein/Salzkammergut und Neusiedler See),
  - archäologische Fundstätten in drei Seen (Prähistorische Pfahlbauten um die Alpen),
  - eine Naturerbestätte in zwei Naturschutzgebieten (Alte Buchenwälder und Buchenurwälder der Karpaten und anderer Regionen Europas).

  Alle diese Stätten sind einer Vielzahl österreichischer Rechtsnormen unterworfen, fallen in verschiedene verfassungsrechtlich vorgesehene Zuständigkeiten, haben unterschiedliche flächenmäßige Ausmaße und besitzen unterschiedliche Herausforderungen und Bedürfnisse. Einige sind darüber hinaus transregionale oder transnationale Welterbestätten, die auch einer regionalen bzw internationalen Abstimmung bedürfen.[27]

Was sie jedoch verbindet, ist ihr *außergewöhnlicher universeller Wert*, ihre Nominierung für und ihre Aufnahme in die Welterbeliste, und damit der rechtliche Rahmen des Welterbe-Übereinkommens, das seiner Rechtsnatur nach ein internationales, ein völkerrechtliches Überreinkommen ist.

---

27 Transnationale Welterbestätten sind: „Fertö-Neusiedler See" von Österreich und Ungarn; „Prähistorische Pfahlbauten um die Alpen" von sechs Alpenländern – Schweiz, Österreich, Frankreich, Deutschland, Italien und Slowenien; „Alten Buchenwälder und Buchenurwälder der Karpaten und anderer Regionen Europas" von 12 Staaten – Albanien, Belgien, Bulgarien, Deutschland, Kroatien, Italien, Rumänien, Slowakei, Slowenien, Spanien und Ukraine. Transregionale Welterbestätten sind: „Hallstatt-Dachstein/Salzkammergut" zwischen Oberösterreich, Steiermark und Salzburg; „Semmeringeisenbahn" zwischen Niederösterreich und Steiermark; Überblick über die österreichischen Weltererbestätten, https://www.unesco.at/kultur/welterbe/die-oesterreichischen-welterbestaetten/ (zuletzt abgefragt am 29.11.2018).

3. Das Übereinkommen zum Schutz des Kultur- und Naturerbes der Welt
Entstehung, Inhalt, Rechte und Pflichten der Vertragsstaaten

3.1 Geschichte

Nach den durch zwei Weltkriege verursachten Zerstörungen begann sich die internationale Staatengemeinschaft verstärkt für den Schutz von Kulturgütern einzusetzen. Die UNESCO[28] als Sonderorganisation der Vereinten Nationen für Bildung, Wissenschaft und Kultur war mit ihrem Mandat[29] das ideale Forum für die Zusammenarbeit der Staaten in diesem Bereich. So verwundert es nicht, dass bereits bald nach der Gründung der UNESCO die Mitgliedstaaten erste Regelungsversuche unternahmen, um Kulturgüter, die durch die zerstörerische Gewalt von Kriegen bedroht waren, zu schützen. 1954 verabschiedeten die UNESCO-Mitgliedstaaten die (Haager-)„Konvention zum Schutz von Kulturgut bei bewaffneten Konflikten"[30] und 1970 das „Übereinkommen über Maßnahmen zum Verbot und zur Verhütung der unzulässigen Einfuhr, Ausfuhr und Übereignung von Kulturgut",[31] welches Plünderungen und dem illegalen Handel mit Kulturgütern Einhalt gebieten und eine Basis für Forderungen und Rückführungen schaffen sollte. Es wurde jedoch bald klar, dass nicht nur Kriege und bewaffnete Konflikte das kulturelle Erbe auf der Welt bedrohten, sondern auch die rasanten wirtschaftlichen und sozialen Entwicklungen. Speziell der technologische Fortschritt und die wachsende Industrialisierung und Urbanisierung konnten eine Gefahr darstellen.

---

28 United Nations Educational, Scientific and Cultural Organization (UNESCO), www. unesco.org (zuletzt abgefragt am 29.11.2018).

29 „[E]inen Beitrag zum Frieden und zur Sicherheit zu leisten, und zwar durch die Förderung der Zusammenarbeit zwischen den Völkern auf dem Wege der Erziehung, der Wissenschaft und Kultur", Art 1 Z 1, Die Verfassung der Organisation der Vereinten Nationen für Erziehung, Wissenschaft und Kultur (UNESCO) BGBl 49/1949.

30 Konvention zum Schutz von Kulturgut bei bewaffneten Konflikten, The Hague, 14. Mai 1954 BGBl 58/1964.

31 Übereinkommen über Maßnahmen zum Verbot und zur Verhütung der unzulässigen Einfuhr, Ausfuhr und Übereignung von Kulturgut, Paris, 14. November 1970 BGBl III 139/2015.

Konkrete Auslöser für die Ausarbeitung des Welterbe-Übereinkommens waren dann die beiden erwähnten Ereignisse in den 1960er Jahren: der Bau des Assuan-Staudammes mit der drohenden Überflutung der Tempel von Abu Simbel und das große Hochwasser von Venedig und Florenz mit verheerenden Folgen für historische Bauten und Kunstgegenstände. Den Staaten wurde bewusst, dass diesen Gefahren und Herausforderungen aufgrund ihrer Ausmaße nicht nur auf nationaler Ebene begegnet werden konnte, sondern auch auf internationaler Ebene begegnet werden musste. Die Verantwortung für den Schutz und Erhalt besonders bedeutender Kultur- und Naturerbestätten sollte demnach nicht nur bei den einzelnen Staaten liegen, sondern auch eine Aufgabe der gesamten Menschheit sein.

So kam es, dass die UNESCO-Mitgliedstaaten über neue Möglichkeiten und Wege eines internationalen und nationalen Schutzes von bedeutenden Kulturstätten nachdachten und eine Expertengruppe einsetzten, die konkrete Vorschläge erarbeiten sollte.[32] Einer dieser 14 ad personam Experten war der im Bundesdenkmalamt (BDA) tätige Österreicher Dr. Hans Foramitti.[33] Die Expertengruppe trat zwei Mal, 1968 und 1969, zusammen.[34] Die Schlussfolgerungen der Experten waren, dass es zum Schutz von bedeutenden Kulturerbestätten einerseits eine (unverbindliche) internationale Empfehlung zur Verbesserung des nationalen Schutzsystems und andererseits ein (verbindliches) Übereinkommen zum internationalen Schutz von Kulturgütern brauche.[35]

Der UNESCO-Exekutivrat,[36] in Vorbereitung der UNESCO-Generalkonferenz, begrüßte die Schlussfolgerungen und Empfehlungen der Expertengruppe

---

32 UNESCO Doc. Records of the General Conference, Fourteenth Session, Paris, 1966, Resolutions 3.3411 lit b; UNESCO Doc. Records of the General Conference, Fifteenth Session, Paris, 1968, Resolutions 3.01 lit o iii.

33 UNESCO Doc. SCH/CS/27/8 Annex I List of Participants Final Report Meeting of Experts to co-ordinate, with a view to their international adoption, principles and scientific, technical and legal criteria applicable to the protection of cultural property, monuments and sites, Paris, 26.2.–1.3.1968.

34 UNESCO Doc. SCH/CS/27/8 Final Report Meeting of Experts, Paris, 26.2.–1.3.1968; UNESCO Doc. SHC/MD/4 Final Report Meeting of Experts to establish an international system for the protection of monuments, groups of buildings and sites of universal interest, Paris, 21.–25.7.1969.

35 UNESCO Doc. SHC/MD/4 Final Report Meeting of Experts, Conclusions, Paris, 21.–25.7.1969, 38.

36 UNESCO Doc. Document 84 EX/14 Possible International Instrument for the Protection of Monuments and Sites of Universal Value, 22 April 1970.

und die 16. UNESCO-Generalkonferenz beauftragte schließlich 1970 den Generaldirektor mit der Ausarbeitung zweier Rechtsinstrumente *„on the subject of [...] the protection of monuments, groups of buildings and sites".*[37] Auf Basis der Empfehlungen der Expertengruppe verfassten schließlich die beiden Experten, Hanna Saba, Beigeordneter UNESCO-Generaldirektor für Internationale Standards und Rechtsangelegenheiten und Robert Brichet, Tutor an der Pariser Universität für Rechtswissenschaften, Wirtschaft und Sozialwissenschaften, zwei erste Textentwürfe: eine Empfehlung für den nationalen Schutz von Kulturerbestätten und ein Übereinkommen für den internationalen Bereich.[38] Beide Entwürfe[39] wurden den Mitgliedstaaten zur Kommentierung übermittelt.[40] 18 Staaten gaben ihre Stellungnahme ab, darunter Österreich.[41]

Zeitgleich begann auch die Internationale Naturschutzunion (IUCN)[42] im Hinblick auf die 1972 in Stockholm stattfindende Weltumweltkonferenz[43] im Rahmen einer Zwischenstaatlichen Arbeitsgruppe[44] an einem Entwurf einer *„Draft Convention on Conservation of the World Heritage"*[45] zu arbeiten, die neben *natural areas* auch *cultural sites* zum Gegenstand hatte.[46] Das Vorbereitungskomitee der Stockholmer Weltumweltkonferenz[47] empfahl wegen der

---

37 UNESCO Doc Records of the General Conference, Sixteenth Session, Paris, 1970, Resolutions 3.412.

38 UNESCO Doc. SHC/MD/17 International Instruments for the Protection of Monuments, Groups of Buildings and Sites, Preliminary Report, 30 June 1971.

39 UNESCO Doc. SHC/MD/17 Annex I und Annex II.

40 UNESCO Doc. CL/2156 Circular Letter, 20 July 1971.

41 UNESCO Doc. SHC/MD/18 International Regulations for the Protection of Monuments, Groups of Buildings and Sites, 21 February 1972, Summery of Replies of Member States, Report and Draft of Recommendation and Convention. Österreichische Stellungnahme zu den Entwürfen (Empfehlung und Übereinkommen) in UNESCO Doc. SHC/MD/18 Annex I Replies to Circular Letter Cl/2156 and to Document SHC/MD/17 received from States on 14 January 1972, 2 f.

42 International Union for Conservation of Nature (IUCN).

43 Conference on the Human Environment.

44 Intergovernmental Working Group of Conservation (IWGC).

45 UNESCO Doc. A/CONF.48/IWGC.I/3 Draft Convention on Conservation of the World Heritage, July 1971.

46 Ibid., Art 1.

47 Preparatory Committee of the United Nations Conference on the Human Environment.

Überschneidungen und inhaltlichen Nähe zu den UNESCO-Entwürfen, beide Ansätze zusammenzuführen und „*[to] prepare a draft convention on the protection of certain sites of such ecological, historical or cultural importance that they should constitute a ‚World Heritage'*".[48] Zu diesem Zweck wurde eine weitere zwischenstaatliche Arbeitsgruppe eingesetzt, mit dem Mandat auf Basis der vorliegenden Entwürfe von IUCN und UNESCO einen neuen Textentwurf zu entwerfen. Diese Arbeitsgruppe kam im September 1971 in New York zusammen.[49] Der neue Textentwurf wurde an alle Mitgliedstaaten der Vereinten Nationen und an jene der UNESCO zur Kommentierung gesandt. Zehn Staaten, darunter Österreich, gaben eine Stellungnahme ab.[50]

Nun lagen neue Textentwürfe eines Übereinkommens und einer Empfehlung vor, die beide Konzepte – Kultur- und Naturerbe – beinhalteten und die von den Regierungen im Rahmen der UNESCO verhandelt und finalisiert werden sollten. Im April 1972 fand dann das von der UNESCO einberufene Regierungsexpertentreffen[51] statt, bei dem die (neuen) Textentwürfe *Draft Convention* und *Draft Recommendation for the Protection of the Cultural and Natural Heritage of Mankind* verhandelt wurden.[52] Österreich war wieder durch Dr. Hans Foramitti (BDA) vertreten, sowie durch das Außenministerium (Ständige Vertretung Österreichs bei der UNESCO).[53] Aus dem Bericht des Regierungsexpertentreffens[54] ist zu erkennen, dass die Arbeiten am Übereinkommen alles andere als konsensual verliefen. Es wurden 22 Plenarsitzungen allein zur Verhandlung des Textes des Übereinkommens abgehalten, zwei Arbeitsgruppen und ein *drafting*

---

48 UNESCO Doc. SHC/72-CONF.37/3 Note of the General Secretariat of the United Nations Conference on the Human Environment, 6 April 1972.

49 Ibid.

50 Ibid.; ebenso *Seifert*, Das UNESCO-Übereinkommen zum Schutz des Kultur- und Naturerbes der Welt und die Rechtsordnung der Bundesrepublik Deutschland (2016) 46 ff; *Cameron/Rössler*, Many Voices, One Vision: The Early Years of the World Heritage Convention 10 f.

51 Special Committee of Government Experts to prepare a Draft Convention and a Draft Recommendation to Member States concerning the protection of monuments, groups of buildings and sites, Paris, 4–22 April 1972.

52 UNESCO Doc. SHS.72/CONF.37/19 Final Report Special Committee of Government Experts to prepare a Draft Convention and a Draft Recommendation to Member States concerning the protection of monuments, groups of buildings and sites, Paris, 4–22 April 1972.

53 UNESCO Doc. SHS.72/CONF.37/22 List of Participants.

54 UNESCO Doc. SHS.72/CONF.37/19 Final Report.

committee eingesetzt und 128 schriftliche Abänderungsvorschläge eingebracht. Trotzdem konnte das Übereinkommen nicht im Konsens finalisiert werden. Noch in der Programmkommission der 17. UNESCO-Generalkonferenz, die eigentlich das Übereinkommen[55] dem Plenum nur mehr formal zur Verabschiedung empfehlen sollte, wurde intensiv verhandelt, eine Vielzahl an Änderungsanträgen eingebracht, Arbeitsgruppen eingesetzt und über die eingebrachten Änderungsvorschläge einzeln abgestimmt. Ein wesentlicher Diskussionspunkt war, ob sich der mit Art 15 etablierte Fonds aus nur freiwilligen oder nur aus Pflichtbeiträgen speisen und wie verbindlich die Formulierung der Beitragshöhe sein sollte.[56] Mit einer Kompromissformulierung konnte schließlich der Entwurf mit 43 Stimmen für, 8 gegen und 19 Enthaltungen von der Programmkommission an das Plenum zur Annahme verwiesen werden.[57] Obwohl der Konventionsentwurf bereits mit der nötigen 2/3 Mehrheit zur Annahme empfohlen war, eröffnete die US-Delegation nochmals die Diskussion im Plenum, indem sie für den englischen Vertragstext eine – wie sie meinte – rein sprachliche, an die französische Fassung angepasste Korrektur zur empfohlenen Beitragshöhe vorschlug, nämlich die Verwendung der Wörter *ought to* statt *shall,* also, dass sich die Höhe der freiwilligen Beiträge an jene des Pflichtbeitrages richten *sollte* (statt *soll).*[58] Wie aus den Verbatim Records[59] ersichtlich, entstand eine lange Diskussion, in der diese (Übersetzungs-)Änderung nicht nur als nicht unerheblich, sondern von vielen Delegationen, speziell von Entwicklungsländern, ausdrücklich als unrichtig bezeichnet wurde. In einer für alle überraschenden Wendung

---

55 UNESCO Doc. 17 C/18 Draft Convention for the Protection of the World Cultural and Natural Heritage and Draft Recommendation Concerning the Protection, at national level, of the Cultural and Natural Heritage, 15 June 1972.

56 UNESCO Doc. Records of the General Conference, Seventeenth Session, Paris, 1972, Volume 2, Reports, Programme Commissions, Administrative Commission, Legal Committee, Item 25, Item 26; UNESCO Document Thirty-second plenary meeting, 16 November 1972, at 10.10 am, President: Mr Haguiwara (Japan), Report Commission II (continued) 1101 ff.

57 UNESCO Doc. 17 C/106 Draft Convention for the Protection of the World Cultural and Natural Heritage, submitted by the Director-General to UNESCO's General Conference, Seventeenth Session, Paris, 1972, 113.7; UNESCO Document Thirty-second plenary meeting, 16 November 1972, at 10.10 am, President: Mr Haguiwara (Japan), Report Commission II (continued) 1102.

58 UNESCO Doc. Records of the General Conference, Seventeenth Session, Paris, 1972, Volume 3, Proceedings, verbatim records 1106.

59 Ibid., 1105 ff.

der US-Delegation[60] nahm der amerikanische Vertreter sodann seinen Vorschlag zurück und sagte seine Stimme für die Verabschiedung des Übereinkommens in der vorliegenden Form zu.[61] Das Übereinkommen wurde schließlich von der 33. Plenarsitzung mit 75 Pro-Stimmen, 1 Gegenstimme und 17 Enthaltungen angenommen.[62] Die Empfehlung hingegen wurde einstimmig und ohne Diskussion verabschiedet.[63]

Das Übereinkommen war also von Anbeginn an kontrovers diskutiert, wobei es letzten Endes – so man es den Dokumenten entnehmen kann – vor allem um die Finanzierung des Fonds ging. Wie *Cameron/Rössler*[64] schreiben, gab die US-Delegation, die eine treibende Kraft hinter dem Übereinkommen war, den Verhandlungen in letzter Minute eine entscheidende Wendung, dank der das Übereinkommen am 16. November 1972 von der 17. UNESCO-Generalkonferenz verabschiedet werden konnte.

Die erste Ratifikation erfolgte dann auch durch die USA im Jahr 1973. Die Schweiz war der 20. Staat, der damit auch das Inkrafttreten auslöste. Damit wurde das Übereinkommen am 19. Dezember 1975 für seine Vertragsstaaten aktiv. Die erste Generalkonferenz der Vertragsstaaten fand 1976 in Nairobi statt, die erste Sitzung des mit dem Übereinkommen etablierten zwischenstaatlichen Komitees, dem Welterbekomitee (WHC), fand von 27. Juni – 1. Juli 1977 in Paris statt. 1978 wurden die ersten 12 Stätten in die Welterbeliste aufgenommen.[65] 1979 waren es bereits 45[66] und in den folgenden Jahrzehnten nahmen die Anträge stetig zu. Als im Jahr 2000 89 Nominierungen eingereicht und 60 Aufnahmen erfolgten, war es an der Zeit, dass sich das Welterbekomitee ernsthaft mit der Anzahl und

---

60 *Cameron/Rössler*, Many Voices, One Vision: The Early Years of the World Heritage Convention 25 f.

61 UNESCO Doc. Records of the General Conference, Seventeenth Session, Paris, 1972, Volume 3, Proceedings, verbatim records 1122 f.

62 Ibid., 1124 f. Aus den UNESCO Dokumenten ist das Stimmverhalten der einzelnen Staaten nicht ersichtlich, da die Abstimmung per Handzeichen erfolgte.

63 UNESCO Doc. Records of the General Conference, Seventeenth Session, Paris, 1972, Volume 1, Resolutions 135 ff.

64 *Cameron/Rössler*, Many Voices, One Vision: The Early Years of the World Heritage Convention 25 f.

65 UNESCO Doc. CC-78/CONF.Ol0/10Rev. Final Report of the Second Session of the Intergovernmental Committee for the Protection of the World Cultural and Natural Heritage, Washington D.C, USA, 5–8 September 1978.

66 UNESCO Doc. CC-79/CONF.003/13 Report of the Rapporteur on the Third Session of the Intergovernmental Committee, Cairo and Luxor, 22–26 October 1979.

der Ausgewogenheit der Liste zu beschäftigen begann. Die „*Global Strategy for a Representative, Balanced, and Credible World Heritage List*"[67] führte eine Bevorzugung unterrepräsentierter Weltregionen und Stättentypen und eine zahlenmäßige Einreichbeschränkung ein. Trotz all dieser Bemühungen verzeichnet die Welterbeliste bereits über 1.000 Stätten mit jährlichem Zuwachs.

3.2 Rechtsnatur

3.2.1 Das Übereinkommen

Beim Welterbe-Übereinkommen handelt es sich iS der Völkerrechtslehre um einen völkerrechtlichen Vertrag, also einen solchen, der das Verhalten von Völkerrechtssubjekten regelt und nicht dem internen Recht angehört.[68] Das Übereinkommen verpflichtet ausschließlich seine Vertragsparteien, im vorliegenden Fall die souveränen Staaten. Subjektive Rechte können aus dem Übereinkommen nicht abgeleitet werden, da dies im Vertragstext nicht vorgesehen ist. Einzelne oder Gruppen können sich daher nicht auf das Übereinkommen berufen.[69]

Das Welterbe-Übereinkommen ist seinem Prinzip nach und iS der Entwicklungen des Völkerrechts[70] als Norm zur Verhinderung von Verhalten, das für alle Beteiligten als nachteilig und daher unerwünscht erachtet wird, mit „negativen" (Verbots-)Normen ausgestaltet.[71] Es sieht beispielsweise Unterlassungspflichten in Bezug auf Schädigung von Welterbestätten in anderen Staaten (Art 6) vor. Andererseits wurde es auch als Norm zur Bewahrung des Ökosystems mit Aufforderungen zu aktiven Maßnahmen bzw zur Einhaltung bestimmter Standards konzipiert.[72] Es fordert die Vertragsstaaten auf Kultur- und Naturerbestätten auf ihrem Hoheitsgebiet zu schützen und zu erhalten und listet dafür Maßnahmen (Art 4 und 5). Darüber hinaus leistet es einen Beitrag zur internationalen

---

67 UNESCO Doc. WHC-94/CONF.003/INF.9 Global Strategy for a Representative, Balanced, and Credible World Heritage List, Paris, 13 October 1994. Die Strategie wird regelmäßig überarbeitet und angepasst, aktuell WHC-09/17.GA/9.

68 Allgemein *Reinisch/Neuhold* in *Reinisch* Rz 1.

69 Allgemein *Binder/Trauner,* Öffentliches Recht – Grundlagen. Lehrbuch³ (2014) Rz 715; konkret zum Welterbe-Übereinkommen Entscheidung BVwG 20.8.2014, W1952010422-1; Genaueres dazu Kapitel 5.2.

70 *Reinisch/Neuhold* in *Reinisch* Rz 10 ff.

71 *Ibid.,* Rz 10 f.

72 *Ibid.,* Rz 12; *Binder/Zemanek* in *Reinisch* 232.

Zusammenarbeit und Solidarität.[73] Es schafft ein System der internationalen Hilfe und Zusammenarbeit (ua Art 7 und Abschnitt IV) und richtet zu diesem Zwecke einen Fonds ein (Art 15).[74]

Dem Welterbe-Übereinkommen, wie den meisten Völkerrechtsverträgen, mangelt es jedoch an Durchsetzungsmöglichkeit und an zentraler Zwangsgewalt.[75] Dies ist sicherlich die Hauptschwäche des Völkerrechts per se und der Welterbe-Konvention im Speziellen. Wie jedoch *Reinisch/Neuhold*[76] ausführen, halten sich Staaten in der Regel dennoch an völkerrechtliche Normen in Anbetracht der Bedeutung der Reziprozität und der *„außenpolitischen Kosten-Nutzen-Analyse"*:

> *„Die zu erwartenden langfristigen Vorteile bei der Einhaltung völkerrechtlicher Normen und reziproken Vergeltungsmaßnahmen bei Verletzungen des Völkerrechts sind ein starkes Motiv für völkerrechtskonformes Verhalten auch dann, wenn sich ein Verstoß gegen das Völkerrecht kurzfristig zu lohnen scheint."*[77]

Gemäß Art 30 des Welterbe-Übereinkommens ist das Übereinkommen (nur) in den authentischen Sprachfassungen, also auf Arabisch, Englisch, Französisch, Russisch und Spanisch, verbindlich.[78] Die authentischen Sprachfassungen weisen jedoch untereinander Bedeutungsunterschiede an zwei Stellen[79] auf: Nach dem englischen Text heißt es in Art 4 *„[e]ach State Party to this Convention recognizes that the* <u>*duty*</u> *of ensuring the identification, protection, conservation,* <u>*presentation*</u> *and transmission to future generations [...] belongs primarily to that State".* Der französische Text lautet *„(c)hacun des États parties à la présente Convention reconnaît que* <u>*l'obligation*</u> *d'assurer l'identification, la protection, la conservation, la* <u>*mise en valeur*</u> *et la transmission aux générations futures [...] lui incombe en premier chef".* Die spanische Sprachfassung spricht von *„*<u>*obligación*</u> *de identificar, proteger, conservar, rehabilitar y* <u>*transmitir*</u>*".* Die chinesische Sprachfassung ist eher iS von *obligation* verfasst, während die arabische und die

---

73 *Reinisch/Neuhold* in *Reinisch* Rz 13.
74 Allgemein zu Funktionen des Völkerrechts *ibid.*, Rz 10 ff.
75 *Ibid.*, Rz 47 ff.
76 *Ibid.*, Rz 52 ff.
77 *Ibid.*, Rz 59.
78 Allgemein zu authentischen Sprachfassungen *Binder/Zemanek* in *Reinisch* Rz 326 f.
79 *Lenzerini* zieht die englische und französische Sprachfassung heran, da diese beiden Sprachen auch die Arbeitssprachen des Welterbekomitees sind. Weitere Unterschiede kann er beim Vergleich der Sprachfassungen nicht erkennen: *Lenzerini*, Articles 30–33 and 35–38 Final Clauses, in *Francioni*, A Commentary 347.

russische Sprachfassung eher dem englischen Text folgt und somit dem Wortlaut iS von *duty* und *presentation*.[80]

Wie durch die Hervorhebung ersichtlich, haben wir es in den authentischen Sprachfassungen mit unterschiedlichen Begrifflichkeiten zu zwei bedeutenden Norminhalten zu tun: einmal beim Verpflichtungsgrad – ob *duty* oder *obligation* – und einmal bei den Schutzmaßnahmen – ob *presentation* oder *mise en valeur*. *Lenzerini*[81] analysiert im Kommentar die Bedeutungsunterschiede und zieht durch Anwendung der Auslegungsregeln nach Art 31 bis 33 der WVK Rückschlüsse, welche Begriffe eher dem Sinn und Zweck des Übereinkommens entsprechen. Beim Unterschied bei der Verpflichtungsart bzw beim Verpflichtungsgrad (*duty/obligation*) führt er aus, dass der Begriff *„duty"*, der im englischen Text Verwendung findet, im Französischen einem *„devoir"*, und der Begriff *„obligation"*, der im französischen Text vorkommt, im Englischen einer *„obligation"* entspräche.[82] Diese Unterschiede führen zu unterschiedlichen Verpflichtungsgraden. Während *„obligation"* einen *„compulsory legal requirement (must be obeyed)"* darstellt, ist *„duty"* mehr ein – zumindest aus völkerrechtlicher Perspektive, so *Lenzerini* – *„moral commitment (should be respected)"*.[83] Ins Deutsche übersetzt, besteht die Differenz zwischen einer verbindlichen (obligatorischen) Verpflichtung/Anforderung (muss berücksichtigt werden) und einer moralischen (mehr oder minder aus Überzeugung freiwilligen) Pflicht/Bekenntnis (sollte respektiert werden). Nachdem es nicht möglich ist, beide Texte aufgrund des divergierenden Verpflichtungsgrades in Einklang zu bringen und auch nicht anzunehmen ist, dass dieser Bedeutungsunterschied von den Vertragsparteien beabsichtigt war, greift *Lenzerini* auf den Text und Wortlaut der weiteren Art in Abschnitt II (also auf Art 5, 6 und 7) zurück. Daraus schließt er, dass *„[...] the other provisions of Chapter II of the Convention seem to indicate that the commitment provided for by Article 4 is to be intended more as a ‚duty' than as an ‚obligation' in its strict meaning"*,[84] also dass die Bestimmungen eher auf eine *duty* hindeuten als auf eine *obligation* im strengen Sinne.

Eine lückenlose Klärung der Frage der Verpflichtungsart und infolge des Verpflichtungsgrades ist für die hier vorgenommene Untersuchung, die das Übereinkommen auf die erwachsenden Pflichten zum nationalen Schutz hin

---

80 Alle sechs authentischen Sprachfassungen sind auf der UNESCO Website http://whc.
    unesco.org/en/conventiontext/ abrufbar.
81 *Lenzerini*, Articles 30–33 and 35–38. Final Clauses, in *Francioni* 347 f.
82 *Ibid.*
83 *Ibid.*
84 *Lenzerini*, Articles 30–33 and 35–38. Final Clauses, in *Francioni* 348.

überprüft, eine Schüsselfrage und wird daher im nächsten Kapitel noch näher analysiert und erläutert. An dieser Stelle sollen uns *Lenzerinis* Ausführungen vorerst genügen.

In den deutschen Fassungen des Übereinkommens, die im Zuge der Ratifizierungen durch Deutschland, die Schweiz und Österreich entstanden und in den jeweiligen Bundesgesetzblättern[85] veröffentlicht sind, sind gemäß Art 30 des Welterbe-Übereinkommens für die nationalen Verwaltungsorgane und Gerichte nicht die maßgeblichen. Dies ist insofern wichtig zu betonen, da die deutschen Fassungen beim Verpflichtungsgrad zum innerstaatlichen Schutz in Art 4 nochmals von den authentischen Sprachfassungen abweichen. In allen drei deutschen Fassungen ist Art 4 folgendermaßen übersetzt worden: *„Jeder Vertragsstaat erkennt an, daß es in erster Linie seine eigene <u>Aufgabe</u> ist, Erfassung, Schutz und Erhaltung in Bestand und Wertigkeit [...] sowie seine Weitergabe an künftige Generationen sicherzustellen".* Der Begriff *„Aufgabe"* ist also die deutsche Übersetzung der Begriffe *„duty"* bzw *„obligation".* Dies ist nach dem allgemeinen Sprachgebrauch[86] ein nochmals unverbindlicherer Begriff und evoziert einen schwächeren Grad an Verpflichtung. Weshalb diese Formulierung (und nicht die Begriffe *Verpflichtung* oder *Pflicht*) gewählt wurde, kann nur vermutet werden.[87] Tatsache ist, dass *Aufgabe* dem Begriffskern nach nicht die Begriffe *duty* oder gar *obligation* widerspiegelt. Aus rechtlicher Sicht ist dies zwar irrelevant, da nur die authentischen Sprachfassungen die entscheidenden für die Vollzugsorgane sind. Aus praktischer Sicht jedoch hat dies weitreichende Auswirkungen,

---

85 Schweiz: BBl 1974 II 549; Deutschland: BgBl 1977 II 10; Österreich: BGBl 60/1993.

86 In der deutschen Sprache ist, nach dem allgemeinen Sprachgebrauch, die klare Differenzierung und Abgrenzung der Begriffe Pflicht, Verpflichtung, Aufgabe, Verantwortung schwieriger, da sie fließend ineinander übergreifen. Siehe dazu *Duden Onlinewörterbuch*, Bedeutungen, Beispiele und Wendungen, www.duden.de; oder die Printausgabe *Dudenredaktion* (Hrsg.), Duden. Das Synonymwörterbuch: Ein Wörterbuch sinnverwandter Wörter⁵ (2010). Während das Verb ‚sich verpflichten' iS ‚eine obligatorische Verbindlichkeit eingehen' eindeutig ist, sind die Substantive Pflicht, Verpflichtung, Aufgabe, Verantwortung fließender und schwieriger abgrenzbar. Für diese Arbeit ist zwar eine Differenzierung der Begrifflichkeiten wichtig, da verschiedene Verpflichtungsgrade daraus resultieren, gleichzeitig soll aber diesen Unterschieden aufgrund der Schwierigkeit einer klaren Differenzierung auch nicht zu viel Bedeutung beigemessen werden und eine extensive Auslegung Anwendung finden.

87 Nachdem Österreich nach der Schweiz und Deutschland ratifiziert hat, kommt auch die Vermutung auf, dass man sich in Österreich an die bereits bestehenden deutschen Übersetzungen bei der Ratifizierung gehalten hat.

da die deutsche Fassung aus sprachlichen und praktischen Gründen zumindest als erste Referenz herangezogen wird.

Der zweite Begriffsunterschied in den Sprachfassungen findet sich ebenfalls in Art 4 und bezieht sich auf eine zu ergreifende Schutzmaßnahme, also worauf sich die *duty/obligation/Aufgabe* bezieht. Im englischen Text heißt es *duty of ensuring the identification, protection, conservation, <u>presentation</u> and transmission to future generations*; im französischen Text *l'obligation d'assurer l'identification, la protection, la conservation, la <u>mise en valeur</u> et la transmission* aux gérations futures; im spanischen Text *obligación de identificar, proteger, conservar, <u>rehabilitar</u> y transmitir a las generaciones futuras*, und in den deutschen Fassungen heißt es *Aufgabe* zu *Erfassung, Schutz und <u>Erhaltung in Bestand und Wertigkeit</u>* sowie *seine Weitergabe an zukünftige Generationen.*

Während im englischen Text von *presentation* des (Welt-)Kultur- und Naturerbes die Rede ist, wird im Französischen der Begriff *mise en valeur* verwendet, was eine sprachliche Diskrepanz der verschiedenen authentischen Sprachfassungen darstellt. *Lenzerini*[88] folgend, ist dem Sinn und Zweck des Übereinkommens nach die französische Wortwahl der englischen vorzuziehen. Er verweist auf die *travaux préparatoires*, wonach ursprünglich das Wort *development* vorgesehen war. Es wurde jedoch durch *presentation* iS von „*[...] conserving and arranging them to bring out their potentialities to the best advantage*" ersetzt.[89] *Lenzerini* zitiert ferner die Ausführungen durch den High Court of Australia, das befand, dass „*conservation of the property [...] an element in its presentation [is] and [...] not to be sacrificed by presentation*".[90] Auch wenn der Ausdruck etymologisch nicht besonders passend erscheint, geht *Lenzerini* davon aus, dass *presentation* „*basically corresponds to the sense of the words ‚mise en valeur'*" und dass demnach „*no particular problem of inconsistency with the French text arises*".[91]

Seifert,[92] der das Übereinkommen umfassend behandelt, geht ebenfalls auf die sprachlichen Unterschiede der authentischen Sprachfassungen ein und setzt diese auch in Verbindung mit der deutschen Übersetzung. Er meint, dass die deutsche Version des Textes den „*Spagat zwischen den beiden Sprachfassungen*" löse, indem sie den Begriff *Erhaltung in Bestand und Wertigkeit* verwendet, der

---

88 *Lenzerini*, Articles 30–33 and 35–38. Final Clauses, in *Francioni* 348 f.

89 Vgl UNESCO Doc SHC/MD/18 Annex II 3.

90 Commonwealth vs Tasmania (1983), zitiert von *Lenzerini*, Articles 30–33 and 35–38. Final Clauses, in *Francioni* 348.

91 *Lenzerini*, Articles 30–33 and 35–38. Final Clauses, in *Francioni* 349.

92 *Seifert*, UNESCO-Übereinkommen und die Rechtsordnung der Bundesrepublik Deutschland 60 ff.

die dem Sinn nach enthaltene Verpflichtung einfängt.[93] Denn, so *Seifert*, seien die Vertragsstaaten dem Sinn und Zweck entsprechend und der Bedeutung nach *„zu mehr als der bloßen ‚conservation' verpflichtet".*[94] Die Verpflichtung ginge über eine klassische Substanzschutzvorschrift (also Sicherung der materiellen Existenz) hinaus und impliziere durch die Wortwahl des *Erhalts nach Bestand und Wertigkeit* auch die Verhinderung im Vorfeld einer Minderung des Zustandes und damit des Wertes.[95] Die Begriffswahl in der deutschen Übersetzung mit *Erhalt in Bestand und Wertigkeit* wird demnach dem Sinn und Zweck des Übereinkommens und den beiden Sprachfassungen gerecht.[96]

3.2.2 Die Operativen Richtlinien

Zur Konkretisierung des Übereinkommens und einheitlichen Anwendung wurden von den Vertragsstaaten 1977 Durchführungsrichtlinien, sogenannte *„Operational Guidelines for the Implementation of the World Heritage Convention"*[97] (*Operative Richtlinien für die Umsetzung des Welterbe-Übereinkommens*), erarbeitet. Diese werden regelmäßig von den Vertragsstaaten im Rahmen des Komitees[98] überarbeitet und vom Komitee verabschiedet.[99] Sie ermöglichen so die Anpassung der Umsetzung des Übereinkommens an den aktuellen Zeitgeist und an neue Umstände, und spiegeln damit auch die Vertragspraxis wider. Die Operativen Richtlinien wurden seit 1977 über zwanzigmal überarbeitet und sind von ursprünglich 28 Paragraphen auf derzeit 290 Paragraphen angewachsen.[100]

Gemäß Art 31 Abs 3 lit a der WVK können die Operativen Richtlinien als Interpretationshilfe herangezogen werden. Demnach sind alle späteren Übereinkünfte zwischen den Vertragsstaaten über die Auslegung des Vertrages oder die Anwendung seiner Bestimmungen zu berücksichtigen.[101] Die Operativen

---

93 *Ibid.*, 63.

94 *Ibid.*

95 Trotzdem meint *Seifert*, dass der Aspekt der *presentation* zu wenig in den anderen Sprachfassungen vorkäme, was jedoch für die Interpretation irrelevant ist (FN 224) 63.

96 *Ibid.*, 63.

97 StF CC-77/CONF.001/8 idF WHC.17/01 12 July 2017.

98 In der Praxis erfolgt dies in *open-ended working groups*, die für alle Vertragsstaaten offen stehen.

99 http://whc.unesco.org/en/guidelines/ (zuletzt abgefragt am 29.11.2018).

100 Historical Development, The Operational Guidelines for the Implementation of the World Heritage Convention, http://whc.unesco.org/en/guidelines/ (zuletzt abgefragt am 29.11.2018).

101 *Binder/Zemanek* in *Reinisch* Rz 324; jüngst über nachfolgende Vereinbarungen und nachfolgende Praxis in Bezug auf Vertragsauslegung *International Law Commission*,

Richtlinien können idS als spätere Übereinkünfte der Vertragsstaaten über die Anwendung der Bestimmungen bezeichnet, und damit bei der Auslegung des Übereinkommens als Rechtsquelle herangezogen werden.[102] In Bezug auf ihre Verbindlichkeit unterzieht sie *Seifert*[103] einer ausführlichen Analyse. Dabei arbeitet er heraus, dass über die Verbindlichkeit der Richtlinien grundsätzlich keine einheitliche Aussage getroffen werden kann, da sich die enthaltenen Bestimmungen an verschiedene Adressaten (Vertragsstaaten, Komitee und Hilfsorgane) wenden und damit andere Rechtswirkungen besitzen. Darüber hinaus beinhalten sie auch Bestimmungen, die ausdrücklich in die Regelungskompetenz des Komitees (wie etwa die Listenführung), aber auch solche die außerhalb der Regelungskompetenz des Komitees fallen (wie die Auslegung des Vertragstextes selber). In seiner Conclusio stellt *Seifert* fest, dass die Operativen Richtlinien zwar durchaus verbindliche Verpflichtungen statuieren können, diese aber dort ihre Grenze haben, wo die dem Komitee übertragene Kompetenz endet.[104]

3.2.3 Die Beschlüsse des Komitees

Das Welterbekomitee wurde gemäß Art 8 des Welterbe-Übereinkommens als zwischenstaatliches Komitee eingerichtet. Es besteht aus 21 Staatenvertretern, die von den Vertragsstaaten im Rahmen der Vertragsstaatenkonferenz für eine Sechs- bzw Vier-Jahres-Periode gewählt werden. Als zwischenstaatliches Organ spiegeln die Entscheidungen des Komitees die nachfolgende Praxis und den Willen der Staaten wider.[105]

Die Beschlüsse des Komitees, die als *Decisions* bezeichnet werden, können generell-abstrakter Natur, oder in Bezug auf einzelne Welterbestätten individuell-konkret sein. Sie sind als Beschlüsse von Vertragsanwendungsorganen, also von internationalen Organen, die durch einen völkerrechtlichen Vertrag zu seiner Anwendung eingesetzt wurden, als solche grundsätzlich im

---

First – Fourth report on subsequent agreements and subsequent practice in relation to the interpretation of treaties, Georg Nolte, Special Rapporteur, A/CN.4/660, A/CN.4/671, A/CN.4/683, A/CN.4/694; in Bezug auf nachfolgende Vereinbarungen insb Second report 24 ff, 39 ff.

102 So auch im Kommentar *Francioni*, A Commentary, 19 f, 188 f.

103 *Seifert*, UNESCO-Übereinkommen und die Rechtsordnung der Bundesrepublik Deutschland 143 ff.

104 *Ibid.*, 145 ff.

105 Dazu auch International Law Commission: Fourth report, A/CN.4/694, 6 wobei dieser Bericht speziell die Rolle der Expertengremien beleuchtet; der Second report, A/CN.4/671 geht auf die Rolle der Vertragsstaaten-Konferenzen ein.

Bereich des *soft-law*[106] anzusiedeln. Ihrem Rechtscharakter nach können sie keine rechtlichen Bindungen herbeiführen und nehmen auf die Souveränität der Vertragsstaaten Rücksicht. Aus formeller Sicht können sie demnach nicht andere internationale Organe, Staaten oder Individuen zwingend verpflichten diese zu befolgen. Aus materieller Sicht hat die Bindungswirkung der Entscheidungen dort ihre Grenzen, wo die dem Komitee übertragenen Kompetenzen enden. Bei individuell-konkreten Beschlüssen zu einzelnen Welterbestätten besitzen sie vor allem empfehlenden Charakter, da dem Komitee die Überwachung der Erhaltungszustände, und nicht der Schutz und Erhalt der Stätten an sich übertragen wurde. Dies heißt jedoch nicht, dass die Beschlüsse des Komitees wirkungslos sind. Sie besitzen trotz ihres empfehlenden Charakters Autorität und werden in der Praxis auch häufig befolgt.[107] Dem förderlich ist sicherlich auch, dass das Komitee Maßnahmen ergreifen kann, die von den Staaten als unangenehm empfunden werden, wie etwa Stätten, die es als gefährdet einstuft, auf die Liste des gefährdeten Welterbes zu setzen, oder Stätten von der Liste zu streichen, bei denen es den Verlust des außergewöhnlichen Wertes feststellt.

3.3 Norminhalt

Das „Übereinkommen zum Schutz des Kultur- und Naturerbes der Welt"[108] besteht aus der Präambel und acht Abschnitten.

In der *Präambel* sind die dem Übereinkommen zugrunde liegenden Gedanken und wesentlichen Erwägungen dargelegt. Sie sind nicht unmittelbar verpflichtend, dienen aber der Auslegung der Regelungen im Übereinkommen,[109] da sie Aufschluss über die Beweggründe, also Ziel und Zweck des Übereinkommens geben.

Die Präambel beinhaltet drei elementare Gedanken:

1. Das Kultur- und Naturerbe ist nicht nur durch den herkömmlichen Verfall, sondern auch durch menschliche Handlungen gefährdet;

---

106 *Schroeder/Schreuer*, Beschlüsse internationaler Organisationen, in *Reinisch* Rz 445 f; *Schroeder/Karl* in *Reinisch* Rz 513 ff; *Grabenwarter*, Völkerrecht, Recht der Europäischen Union und nationales Recht, in *Reinisch* Rz 558 f.

107 *Schroeder/Karl* in *Reinisch* Rz 517.

108 BGBl 60/1993.

109 Art 31 Abs 2, Wiener Übereinkommen über das Recht der Verträge BGBl 40/1980.

2. Zerstörung oder Verfall von Kultur- und Naturerbestätten stellt einen Verlust für die gesamte Menschheit dar und müssen daher durch gemeinsame Anstrengungen geschützt und erhalten werden;

3. Der nationale Schutz ist oft unvollkommen und muss daher von der internationalen Staatengemeinschaft ergänzt und ein System des gemeinschaftlichen Schutzes geschaffen werden.

Abschnitt I besteht aus den Art 1 bis 3.

Art 1 und 2 enthalten die Begriffsbestimmungen:

Gemäß Art 1 gelten als *„Kulturerbe"*

„– Denkmäler, wie Werke der Architektur, Großplastik und Monumentalmalerei, Objekte oder Überreste archäologischer Art. Inschriften, Höhlen und Verbindungen solcher Erscheinungsformen, die aus geschichtlichen, künstlerischen oder wissenschaftlichen Gründen von außergewöhnlichem universellem Wert sind;

– Ensembles, also Gruppen einzelner oder miteinander verbundener Gebäude, die wegen ihrer Architektur, ihrer Geschlossenheit oder ihrer Stellung in der Landschaft aus geschichtlichen, künstlerischen oder wissenschaftlichen Gründen von außergewöhnlichem universellem Wert sind;

– Stätten, also Werke von Menschenhand oder gemeinsame Werke von Natur und Mensch sowie Gebiete einschließlich archäologischer Stätten, die aus geschichtlichen, ästhetischen, ethnologischen oder anthropologischen Gründen von außergewöhnlichem universellem Wert sind."

Gemäß Art 2 gelten als *„Naturerbe"*

„– Naturgebilde, die aus physikalischen und biologischen Erscheinungsformen oder -gruppen bestehen, welche aus ästhetischen oder wissenschaftlichen Gründen von außergewöhnlichem universellem Wert sind;

– geologische und physiographische Erscheinungsformen und genau abgegrenzte Gebiete, die den Lebensraum für bedrohte Pflanzen- und Tierarten bilden, welche aus wissenschaftlichen Gründen oder ihrer Erhaltung wegen von außergewöhnlichem universellem Wert sind;

– Naturstätten oder genau abgegrenzte Naturgebiete, die aus wissenschaftlichen Gründen oder ihrer Erhaltung oder natürlichen Schönheit wegen von außergewöhnlichem universellem Wert sind."

Art 3 hält fest, dass es

„Sache jedes Vertragsstaates [ist], die in seinem Hoheitsgebiet befindlichen, in den Artikeln 1 und 2 bezeichneten verschiedenen Güter zu erfassen und zu bestimmen."

Damit wird ein Kernrecht der Vertragsstaaten normiert, nämlich dass es ausschließlich den Staaten obliegt, die auf ihrem Hoheitsgebiet liegenden Stätten zu erfassen und zu bestimmen. Damit werden Einflussnahme oder Fremdansprüche

anderer Staaten auf Stätten, die nicht auf ihrem Hoheitsgebiet liegen, ausgeschlossen und die absolute Souveränität der Staaten diesbezüglich festgeschrieben.[110]

Abschnitt II regelt den Schutz des Kultur- und Naturerbes auf nationaler und
internationaler Ebene und besteht aus den Art 4 bis 7. In diesem Abschnitt werden die Kernverpflichtungen der Vertragsstaaten zum Schutz normiert; Art 4
und 5 jene auf nationaler Ebene und Art 6 und 7 auf internationaler Ebene.
Nachdem auf diese Artikel im Detail in Kapitel 4 eingegangen wird, seien an
dieser Stelle nur die Kernaussagen dargestellt:

Mit Art 4 erkennt jeder Vertragsstaat an, dass es *„in erster Linie seine eigene
Aufgabe ist, Erfassung, Schutz und Erhaltung in Bestand und Wertigkeit [...] sowie
seine Weitergabe an künftige Generationen sicherzustellen"*.[111]

Art 5 konkretisiert diese *Aufgabe* durch die Listung von zu treffenden Maßnahmen. Das Spektrum ist breit und geht allgemein, von einer das Welterbe
fördernden Politik zu verfolgen, über konkrete Vorgaben, nämlich *geeignete
rechtliche, wissenschaftliche, technische, Verwaltungs- und Finanzmaßnahmen*
zu treffen, bis hin zu praktischen Anweisungen, wie Dienststellen einzurichten,
Ausbildungszentren zu fördern, oder wissenschaftliche Forschungen durchzuführen.

In Art 6 anerkennen die Staaten, dass dieses Erbe ein Welterbe darstellt und zu
dessen Schutz die internationale Staatengemeinschaft zusammenarbeiten muss.
Souveränität und Eigentumsrechte bleiben jedoch ausdrücklich unberührt.

Art 7 präzisiert, was unter *internationalem Schutz des Kultur- und Naturerbes
der Welt* zu verstehen ist, nämlich *die Errichtung eines Systems internationaler
Zusammenarbeit und Hilfe*, das die Vertragsstaaten in ihren Bemühungen unterstützen soll.

Abschnitt III besteht aus den Art 8 bis 14 und bildet zusammen mit Abschnitt
IV (internationale Unterstützung) das Hauptstück des Übereinkommens. Es
enthält Bestimmungen betreffend des zwischenstaatlichen Komitees, dessen
Zusammensetzung, Amtszeit und Organisation (Art 8 bis 10, Art 14), sowie dessen Aufgaben (Art 11 und 13).

Mit Art 11 wird eine der Kernaufgaben des Komitees geregelt, nämlich die
Erstellung der *„Liste des Erbes der Welt"*, die umgangssprachlich *Welterbeliste*

---

110 Dazu auch ErläutRV 644 BlgNR XVIII. GP 26.
111 Zur deutschen Übersetzung und der Verwendung des Begriffes *Aufgabe*, siehe die
     Ausführungen im Kapitel 3.2.1.

genannt wird, und die *„Liste des gefährdeten Erbes der Welt"*, die auch als *Rote Liste des gefährdeten Welterbes* bezeichnet wird.

Mit Abs 1 ist die Vorlage eines *Verzeichnisses* durch die Vertragsstaaten, mit Angaben über Lage und Bedeutung des auf ihrem Hoheitsgebiet befindlichen und für die Aufnahme in die Liste geeigneten Erbes, vorgesehen. Dieses Verzeichnis hat sich unter dem Namen *Tentative List*[112]/*Vorläufige Liste* etabliert und bildet die Grundlage für die Erstellung der Welterbeliste.

Abs 2 regelt die Erstellung der *Liste des Erbes der Welt*, die nach Auffassung des Komitees und nach den von ihm festgelegten Maßstäben von *außergewöhnlichem universellem Wert* sind. Neben der Erstellung soll diese Liste auf dem neuesten Stand gehalten und veröffentlicht werden.

Mit Abs 3 bedarf es für die Aufnahmen von Stätten in die *Liste des Erbes der Welt* der Zustimmung des *lex rei sitae* Staates. Damit hat sich in der Vertragspraxis der Modus etabliert, dass das Komitee grundsätzlich nur über von Vertragsstaaten vorgelegte Nominierungen entscheidet.

Abs 4 sieht auch die Erstellung einer *Liste des gefährdeten Erbes der Welt* durch das Komitee vor. Es soll jene Stätten, *zu dessen Erhaltung umfangreiche Maßnahmen erforderlich sind,* listen. Auch diese Liste soll auf dem neuesten Stand gehalten und veröffentlicht werden.

Mit Abs 5 wird festgeschrieben, dass das Komitee die *Maßstäbe,* nach denen ein Kultur- und Naturgut in eine der Listen aufgenommen werden soll, bestimmt. Vertragsstaaten übertragen damit dem Komitee die Definitions- und Entscheidungsmacht für die Aufnahme von Stätten in eine der beiden Listen. Begrenzt wird der selbstständige Wirkungsbereich des Komitees durch die Bestimmungen, dass die Listen nur auf Basis der von den Staaten vorgelegten Verzeichnisse und nur nach Zustimmung des betreffenden Staates erfolgen dürfen, sowie dadurch, dass das Komitee kein staatenunabhängiges Expertenkomitee ist, sondern ein aus Staatenvertretern bestehendes Organ.

Mit Abs 7 wird dem Komitee auch eine Koordinations- und Förderfunktion von Untersuchungen und Forschungen, die zur Erstellung der Listen erforderlich erscheinen, übertragen. Aber auch dies kann nur im Einvernehmen mit den betreffenden Staaten erfolgen.

Bei Ablehnung der Aufnahme einer Stätte sieht Abs 6 eine Konsultationspflicht mit dem betreffenden Staat vor und Art 12 stellt darüber hinaus klar, dass auch Güter, die nicht in eine der beiden Listen aufgenommen wurden, Stätten von außergewöhnlichem universellem Wert sein können.

---

112 Para 62–76 Operational Guidelines idF 2017.

Art 13 regelt die zweite große Aufgabe des Komitees, nämlich die Überprüfung und Genehmigung von internationalen Unterstützungsanträgen und legt für das Komitee die Grundlagen und Formalitäten fest.

Abschnitt IV sieht in den Art 15 bis 18 die Errichtung eines *Fonds für das Erbe der Welt* vor, von dem das Komitee finanzielle Unterstützung genehmigen kann. Bei den Verhandlungen über das Übereinkommen war es besonders schwierig Konsens über die Zahlungsart, ob Pflichtbeiträge und/oder freiwillige Beiträge, und über die Höhe der Beiträge, zu erzielen. Der verabschiedete Text ist das Ergebnis eines in letzter Minute erzielten Kompromisses. Es sieht beide Formen der Beitragszahlungen vor und räumt Vertragsstaaten darüber hinaus die Möglichkeit ein, bei Ratifizierung oder Annahme eine Erklärung abzugeben, wonach sie sich nicht an Pflichtbeiträge, sondern an regelmäßige Zahlungen auf freiwilliger Basis binden. Ebenso ist eine Deckelung der Beiträge von nicht mehr als 1% des regulären Beitrages zum UNESCO-Budget vorgesehen.

In *Abschnitt V* regeln die Art 19 bis 26 die Voraussetzungen und das Verfahren, wonach Anträge für internationale Unterstützung vorgelegt werden können und legt die Arten und Formen fest.

Abschnitt VI (Art 27 bis 28) behandelt *Erziehungs- und Informationsprogramme*, die Vertragsstaaten durchführen sollen bzw durchzuführen haben.

Abschnitt VII sieht mit Art 29 eine Berichtspflicht für Vertragsstaaten vor, wie sie das Übereinkommen umsetzen.

Der *letzte Abschnitt* enthält mit den Art 30 bis 38 die Schlussbestimmungen, insbesondere Regelungen über Beitritt, Inkrafttreten, Revision und Kündigung.

3.4 Rechte und Pflichten für Vertragsstaaten

In diesem Unterkapitel wird das Übereinkommen in Hinblick auf die den Vertragsstaaten erwachsenden Rechte und Pflichten analysiert und in der Zusammenfassung (Kapitel 3.5) ein systematischer Überblick gegeben.

3.4.1 Rechte

Ein Kernrecht der Vertragsstaaten wird in Art 3 geregelt. Demnach ist es *Sache jedes Vertragsstaates, die in seinem Hoheitsgebiet befindlichen, in den Artikeln 1 und 2 bezeichneten Güter zu erfassen und zu bestimmen.* Damit wird dem Vertragsstaat die alleinige Macht zuteil, Stätten auf seinem Hoheitsgebiet zu erfassen und zu bestimmen (und letztendlich für die Welterbeliste zu nominieren). Weder andere Staaten, noch Personen oder Gruppen im eigenen Land können von sich aus tätig werden, Stätten bestimmen oder eine Nominierung einreichen. Die absolute Souveränität der Staaten für die Erfassung, Bestimmung und in Folge Nominierung ist damit festgeschrieben.[113]

Vertragsstaaten wird mit Art 11 Abs 1 das Recht zuteil, dem Komitee ein *Verzeichnis* jener Stätten vorzulegen, die für die Aufnahme in die Welterbeliste geeignet sind.[114] Dieses *Verzeichnis*, die *Tentative List/Vorläufige Liste*, bildet die Grundlage für die Erstellung der Welterbeliste (Abs 2). Damit bestimmen abermals ausschließlich die Vertragsstaaten, dass nur die von ihnen selber bestimmten Güter (1) einen *außergewöhnlichen universellen Wert* besitzen und (2) in Folge für die Welterbeliste nominiert und aufgenommen werden können. Dh auch hier können weder das Komitee noch andere Staaten oder Personen/ Gruppen im eigenen Land, Stätten gegen den Willen des betreffenden Staates als außergewöhnlich definieren und auf die Liste bringen. Der Umkehrschluss führt dazu, dass der betreffende Vertragsstaat selbst nur Stätten nominieren kann, die er bereits im Vorfeld in seine *Vorläufige Liste* eingetragen und dem Welterbekomitee übermittelt hat.

Vertragsstaaten besitzen darüber hinaus mit Art 11 Abs 3 ein Zustimmungsrecht für die Aufnahme eines Gutes in die Welterbeliste. Dh auch beim letzten Schritt, der Aufnahme einer Stätte in die Welterbeliste werden den Vertragsstaaten ein Mitsprache- bzw ein Mitentscheidungsrecht eingeräumt. Das Welterbekomitee kann demnach nicht von sich aus oder gegen den Willen des Vertragsstaates über eine Aufnahme entscheiden, sondern nur nach expliziter Zustimmung des betreffenden Staates. In der Praxis hat sich somit etabliert, dass das Komitee nur auf Grundlage von (vertragsstaatlichen) Nominierungen über die Aufnahme von Stätten in die Welterbeliste entscheidet. In den Operativen Richtlinien wird das Einreichprozedere und ein standardisierter Ablauf festgeschrieben und vorgegeben.[115]

Ob die Aufnahme einer Stätte in die Liste des gefährdeten Erbes der Welt auch der Zustimmung der Staaten bedarf, war lange umstritten. Nach dem Wortlaut des Art 1 Abs 4 *erstellt*, *führt* und *veröffentlicht* das Komitee die Liste des gefährdeten Erbes der Welt. Diese Liste soll Stätten enthalten, *„zu dessen Erhaltung umfangreiche Maßnahmen erforderlich sind und für das auf Grund dieses Übereinkommens Unterstützung angefordert wurde"*.[116] Nach dieser Regelung

---

113 ErläutRV 644 BlgNR XVIII. GP 26.
114 http://whc.unesco.org/en/tentativelists/ (abgefragt am 22.10.2018).
115 Para 120–168 Operational Guidelines idF 2017.
116 Art 11 Abs 4 Welterbe-Übereinkommen.

kann also nur eine Stätte, für die auch Unterstützung angefordert wurde, in die Liste eingeschrieben werden. Im Umkehrschluss bedeutet dies, dass keine Stätte in die Liste des gefährdeten Welterbes aufgenommen werden kann, für die ein Staat keinen Antrag auf Unterstützung gestellt hat. Der letzte Satz des Art 11 Abs 4 normiert jedoch, dass das *Komitee jederzeit eine neue Eintragung vornehmen kann, wenn dies dringend notwendig ist.* Nach langen und intensiven Debatten herrscht mittlerweile weitgehend Einigkeit, dass das Komitee von sich aus und auch gegen den Willen des Vertragsstaates eine Stätte *bei dringender Notwendigkeit* auf die Liste des gefährdeten Erbes der Welt setzen kann. Die Para 177 bis 191 der Operativen Richtlinien regeln das Vorgehen des Komitees und legen die Kriterien, wann eine dringende Notwendigkeit besteht, fest. Auch in der Vertragspraxis hat sich dieses Recht des Komitees etabliert, was auch maßgeblich zur Glaubwürdigkeit und Akzeptanz des Welterbe-Übereinkommens beigetragen hat. Das Komitee muss allerdings im Vorfeld alles Nötige unternommen haben, um mit dem Staat in Dialog zu treten und Lösungsmöglichkeiten zu finden. Bleibt jedoch der sichtbare Wille des Vertragsstaates aus und/oder zeichnen sich keine Lösungsmöglichkeiten ab, so besitzt das Komitee das Recht – selbst gegen den expliziten Willen des Staates – eine Stätte, für die auch keine Unterstützung angefordert wurde, auf die Liste des gefährdeten Erbes der Welt zu setzen. Beispiele gibt es mittlerweile einige: der Kölner Dom 2004, das Historische Zentrum von Wien 2017, oder – gegen den ausdrücklichen Protest von Israel – Hebron/Al-Khalil Old Town auf Notfallbasis,[117] ebenfalls 2017. In der Praxis hat sich der Usus etabliert, dass im Vorfeld und auch während der Komiteesitzung der betreffende Vertragsstaat gehört wird. Vertragsstaaten besitzen damit zumindest der Vertragspraxis nach ein Anhörungsanrecht.[118]

Nach Art 11 Abs 6 muss das Komitee, bevor es einen Antrag auf Aufnahme einer Stätte in die Listen ablehnt, den betreffenden Vertragsstaat befragen. Hier wurde Vertragsstaaten ein ausdrückliches Konsultationsrecht eingeräumt. Darüber hinaus darf nach Art 11 Abs 7 das Komitee nur *im Einvernehmen mit den Vertragsstaaten* Untersuchungen und Forschungen, die zur Erstellung der Listen erforderlich sind, durchführen. In der Vertragspraxis wird dieser Artikel so angewandt, dass die Evaluierungen, die die beratenden Gremien für das Komitee vornehmen, nur in Absprache und Zusammenarbeit mit den Staaten erfolgen.

---

117 Para 161–162 Operational Guidelines idF 2017.
118 *Seifert*, UNESCO-Übereinkommen und die Rechtsordnung der Bundesrepublik Deutschland 125 ff.

Ein weiteres Kernrecht der Vertragsstaaten ist in Art 19 (und Art 13) normiert, nämlich das Recht jedes Vertragsstaates *Anträge auf internationale Unterstützung* an das Komitee zu stellen. Diese Anträge können für Maßnahmen zum Schutz, zur Erhaltung und zur Revitalisierung eines in den Listen eingetragenen Gutes (Art 13 Abs 1), für die Erfassung von Stätten (Art 13 Abs 2), aber auch für nationale und regionale Ausbildungszentren (Art 23) beantragt werden.

Um internationale Unterstützungen gewähren zu können, sieht das Übereinkommen die Errichtung eines Fonds für das Erbe der Welt vor. Dieser speist sich, wie in Art 15 Abs 3 bestimmt, aus Pflichtbeiträgen und aus freiwilligen Beiträgen. In Art 16 Abs 2 wird den Staaten das Recht eingeräumt bei Hinterlegung der Ratifizierungs-, Annahme- oder Beitrittsurkunde zu erklären, sich nicht an die Bestimmungen der Zahlungen von Pflichtbeiträgen zu binden, sondern freiwillige Zahlungen zu leisten, die sich jedoch an den Pflichtbeiträgen orientieren sollen.[119] Deutschland hat beispielsweise solch eine Erklärung abgegeben; Österreich hat von diesem Recht keinen Gebrauch gemacht.

Vertragsstaaten haben ferner das Recht für das mit Art 8 etablierte zwischenstaatliche Komitee zu kandidieren. Einzige Einschränkung: Der Vertragsstaat darf nicht mit seinen Beitragszahlungen im Rückstand sein (Art 16 Abs 5). Als Mitglied des Komitees kann ein Vertragsstaat maßgeblich die Ausführung und Umsetzung des Übereinkommens mitentwickeln und mitgestalten.

Die Schlussbestimmungen sehen noch das Recht zur Kündigung (Art 35) sowie das Recht dieses Übereinkommen zu revidieren (Art 37) vor.

3.4.2 Pflichten

Die nationalen und internationalen Schutz- und Erhaltungspflichten sind in den Art 4 bis 6 normiert und stellen damit die Kernpflichten der Vertragsstaaten dar.

Art 4 und 5 normieren den nationalen Schutz den Staaten zu leisten haben. Darin anerkennen sie grundsätzlich, dass es in erster Linie ihre *Aufgabe*[120] ist, Stätten von außergewöhnlichem universellem Wert, die sich auf ihrem Hoheitsgebiet befinden, zu erfassen, zu schützen und zu erhalten (Art 4) und Art 5 listet konkrete Maßnahmen dafür.

---

119 Diese Bestimmungen waren das Resultat langer und intensiver Verhandlungen und letztendlich auch Bedingung für die Zustimmung vor allem europäischer Staaten; UNESCO Doc. 17 C/106; UNESCO Doc. Records of the General Conference, Seventeenth Session, Paris, 1972, Volume 3, Proceedings, verbatim records 1102.

120 Zum Begriff *Aufgabe* siehe Kapitel 3.2.1.

Art 6 normiert den internationalen Schutz bzw die Unterstützung. Mit Art 6 verpflichten sich Vertragsstaaten im Einklang mit dem Übereinkommen Hilfe zu leisten (Abs 2), sowie alle vorsätzlichen Maßnahmen zu unterlassen, die das Kultur- und Naturerbe, das sich auf dem Hoheitsgebiet anderer Vertragsstaaten befindet, mittelbar und unmittelbar schädigen könnten (Abs 3). Österreich hat zu diesem Artikel bei der Hinterlegung seiner Ratifizierungsurkunde eine Erklärung abgegeben, wonach es klarstellt, dass die Verpflichtungen, die aus diesem Artikel erwachsen, seiner Auffassung nach sich nur auf Stätten beziehen, die in eine der beiden (Welterbe-)Listen aufgenommen wurden. Dies sei – so die Erklärung – im Einklang mit der ständigen und übereinstimmenden Anwendungspraxis des Übereinkommens.

Da im folgenden Kapitel im Detail auf die Art 4 bis 6, samt Verpflichtungsart und -grad, eingegangen wird, sei hier nur allgemein auf die Staaten treffenden Pflichten zum nationalen und zum internationalen Schutz und Erhalt von Stätten von außergewöhnlichem universellem Wert hingewiesen.

Auf die Bestimmung, wonach jeder Vertragsstaat dem Komitee *ein Verzeichnis* jener für die Aufnahme in die Welterbeliste geeigneter Stätten vorlegt, ist bereits bei den Rechten ausführlich eingegangen worden. Damit sei auch hier nur darauf hingewiesen, dass Vertragsstaaten mit Art 11 Abs 1 auch eine Verpflichtung zur Vorlage dieses *Verzeichnisses* trifft, wenn sie gedenken, Stätten für die Welterbeliste zu nominieren. Dies passiert in der Vertragspraxis freilich auch im Eigeninteresse, da ja nur Stätten, die bereits in der Vorläufigen Liste geführt werden, für die Welterbeliste nominiert werden können.

In Bezug auf internationale Unterstützung muss der betreffende Vertragsstaat, wenn über seinen Antrag positiv entschieden wurde, mit dem Komitee ein *Abkommen* schließen (Art 13 Abs 3 und Art 26), ferner den wesentlichen Teil der Mittel selbst aufwenden (Art 25; die Mittel des Fonds ergänzen also nur die eigenen), sowie letztendlich (selbstständig) dafür sorgen, dass die Stätte im Einklang mit diesem Übereinkommen geschützt und erhalten bleibt (Art 26). Die internationale Hilfe stellt demnach eine Unterstützung der nationalen Maßnahmen dar, ersetzt diese jedoch nicht.

Vertragsstaaten *verpflichten* sich ferner mit Art 15 und 16 regelmäßig alle zwei Jahre Beiträge für den Welterbefonds zu zahlen, deren Höhe nach einem einheitlichen Schlüssel errechnet wird, aber nicht höher als 1% des Beitrags zum regulären UNESCO-Budget betragen. Vertragsstaaten *erklären* auch ihre *Unterstützung* für von der UNESCO durchgeführte Werbemaßnahmen zugunsten des Fonds (Art 18) und *erwägen* oder *fördern* die Errichtung nationaler Stiftungen oder Vereinigungen um Spenden anzuregen (Art 17).

Darüber hinaus *bemühen* sich die Vertragsstaaten, unter Einsatz aller geeigneten Mittel, Erziehungs- und Informationsprogramme durchzuführen (Art 27) und *verpflichten* sich dazu, *die Öffentlichkeit über drohende Gefahren und die Maßnahmen umfassend zu unterrichten* (Art 28).

Mit Art 29 *verpflichten* sich die Vertragsstaaten ferner der UNESCO-Generalkonferenz über ihre Umsetzung und Anwendung des Übereinkommens Bericht zu erstatten. Diese Berichtsform hat sich in der Praxis als *Periodic Reporting on the Implementation of the World Heritage Convention (Periodische Berichterstattung)* etabliert und findet ihre detaillierte Ausführung in den Operativen Richtlinien.[121]

3.5 Zusammenfassung

3.5.1 Geschichte

Nach den Verwüstungen und Zerstörungen zweier Weltkriege begann sich die internationale Staatengemeinschaft verstärkt für den Schutz von Kulturgütern einzusetzen. 1954 verabschiedeten die UNESCO-Mitgliedstaaten die „Konvention zum Schutz von Kulturgut bei bewaffneten Konflikten",[122] 1970 das „Übereinkommen über Maßnahmen zum Verbot und zur Verhütung der unzulässigen Einfuhr, Ausfuhr und Übereignung von Kulturgut"[123] und 1972 schließlich das „Übereinkommen zum Schutz des Kultur- und Naturerbes der Welt".[124] Auslöser für die Ausarbeitung des Welterbe-Übereinkommens waren der Bau des Assuan-Staudammes mit der drohenden Überflutung der Tempel von Abu Simbel und das große Hochwasser von Venedig und Florenz im Jahre 1966 mit verheerenden Folgen für historische Bauten und Kunstgegenstände. Die unter der Ägide der UNESCO stattgefundenen internationalen Rettungsaktionen waren prompt und effektiv.[125] Den Staaten wurde bewusst, dass diesen Gefahren und Herausforderungen aufgrund ihrer Ausmaße nicht nur auf nationaler Ebene begegnet werden konnte, sondern auch auf internationaler Ebene begegnet werden musste. Eine in Folge eingesetzte ad personam Expertengruppe, zu der der

---

121 Para 199–20 Operational Guidelines idF 2017.
122 BGBl 58/1964.
123 BGBl III 139/2015.
124 BGBl 60/1993.
125 Zur Geschichte des Übereinkommens *Cameron/Rössler*, Many Voices, One Vision: The Early Years of the World Heritage Convention 1–16; Brief History, http://whc.unesco.org/en/convention/brief history (zuletzt abgefragt am 11.10.2018).

im BDA tätige Österreicher Dr. Hans Foramitti gehörte,[126] empfahl die Ausarbeitung einer (unverbindlichen) internationalen Empfehlung zur Verbesserung des nationalen Schutzsystems und eines (verbindlichen) Übereinkommens zum internationalen Schutz von Kulturgütern.[127] Im Laufe der nächsten drei Jahre wurden Textentwürfe formuliert, zusammengeführt, kommentiert, verhandelt und überarbeitet. Die zwischenstaatlichen Verhandlungen liefen aber alles andere als konsensual.[128] Die Frage, ob das Übereinkommen auch die nationalen Verpflichtungen zum Schutz und Erhalt normieren sollte, oder ob diese bereits mit der Empfehlung abgedeckt seien, stand jedoch nur ganz zu Beginn zur Debatte.[129] Bald herrschte Einigung, dass auch im Übereinkommen die nationalen Pflichten geregelt werden sollten: Es wurde die allgemeine *Pflicht/Aufgabe* zum innerstaatlichen Schutz und Erhalt festgeschrieben (Art 4) und konkrete Maßnahme gelistet (Art 5).

Am 16. November 1972 wurde schließlich das „Übereinkommen zum Schutz des Kultur- und Naturerbes" mit 75 Stimmen für, 1 Stimme gegen und 17 Enthaltungen von der 17. UNESCO-Generalkonferenz verabschiedet.[130]

3.5.2 Rechtsnatur

Beim Welterbe-Übereinkommen handelt es sich um einen völkerrechtlichen Vertrag, der ausschließlich seine Vertragsparteien verpflichtet, im vorliegenden Fall die souveränen Staaten. Subjektive Rechte können aus dem Übereinkommen nicht abgeleitet werden, da dies im Vertragstext nicht vorgesehen ist.[131] Das Welterbe-Übereinkommen ist seinem Prinzip nach und iS der Entwicklungen des Völkerrechts als Norm zur Verhinderung von Verhalten, das für alle Beteiligten als nachteilig und daher unerwünscht erachtet wird, mit „negativen" (Verbots-)Normen ausgestaltet (Art 6). Ferner wurde das Übereinkommen als Norm zur Bewahrung des Ökosystems mit Aufforderungen zu aktiven Maßnahmen bzw zur Einhaltung bestimmter Standards konzipiert (Art 4 und 5). Darüber

---

126 UNESCO Doc. SCH/CS/27/8 Annex I List of Participants.
127 UNESCO Doc. SHC/MD/4, 38.
128 Im Detail Kapitel 3.1.
129 UNESCO Doc. SHC.72/CONF.37/19, 6 f.
130 UNESCO Doc. Records of the General Conference, Seventeenth Session, Paris, 1972, Volume 3, Proceedings, verbatim records, 1124 f.
131 Allgemein *Reinisch/Neuhold* in *Reinisch* Rz 1; *Binder/Trauner*, Öffentliches Recht – Grundlagen. Lehrbuch Rz 715; konkret zum Welterbe Entscheidung BVwG 20.8.2014, W1952010422-1.

hinaus leistet es einen Beitrag zur internationalen Zusammenarbeit und Solidarität (ua Art 7 und Abschnitt IV).[132] Dem Welterbe-Übereinkommen, wie den meisten Völkerrechtsverträgen, mangelt es jedoch an Durchsetzungsmöglichkeit und an zentraler Zwangsgewalt, was sicherlich die Hauptschwäche ist.[133]

Gemäß Art 30 des Welterbe-Übereinkommens ist das Übereinkommen (nur) in den authentischen Sprachfassungen, also auf Arabisch, Englisch, Französisch, Russisch und Spanisch, verbindlich. Diese weisen jedoch untereinander an zwei wichtigen Stellen in Art 4 Bedeutungsunterschiede auf. Einmal beim Verpflichtungsgrad – ob *duty* oder *obligation* – und einmal bei den Schutzmaßnahmen – ob *presentation* oder *mise en valeur*. Durch Anwendung der Auslegungsregeln gemäß Art 31 bis 33 der WVK unterzieht sie *Lenzerini*[134] einer allgemeinen Analyse und führt sie einer Inhaltskonkretisierung zu: Beim Verpflichtungsgrad seien die Bestimmungen nach Wortlaut und Systematik eher iS einer *duty* als einer *obligation* im strengen Sinn des Wortes zu verstehen und bei der Schutzmaßnahme sei letztlich keine Diskrepanz feststellbar, da nach Worthof und Sinn und Zweck des Übereinkommens *mise en valeur* und *presentation* grundsätzlich das gleiche meine. Nachdem über die normative Qualität dieser Bestimmungen tiefgründiger und detaillierter im nächsten Kapitel eingegangen wird, sollen die Ausführungen von *Lenzerini* an dieser Stelle vorerst einmal ausreichen.

In der deutschen Fassung des Übereinkommens[135] wurde „*duty*" bzw „*obligation*" mit „*Aufgabe*" übersetzt und „*mise en valuer*" bzw „*presentation*" mit „*Erhaltung nach Bestand und Wertigkeit*". Auch wenn die deutsche Fassung gemäß Art 30 des Welterbe-Übereinkommens nicht für die nationalen Vollzugsorgane die maßgebliche ist, besitzt sie aus sprachlichen und praktischen Gründen Relevanz. Dies ist wichtig zu betonen, da der Begriff „*Aufgabe*" nach dem allgemeinen Sprachgebrauch[136] eine unverbindlichere Konnotation besitzt und damit einen schwächeren Grad an Verpflichtung evoziert. Weshalb diese Formulierung gewählt wurde, kann nur vermutet werden.[137] Fakt ist, dass „*Aufgabe*"

---

132 *Reinisch/Neuhold* in *Reinisch* Rz 10 ff; *Binder/Zemanek* in *Reinisch* 232.

133 *Reinisch/Neuhold* in *Reinisch* Rz 47 ff.

134 *Lenzerini*, Articles 30–33 and 35–38. Final Clauses, in *Francioni* 347 ff.

135 BGBl 60/1993.

136 *Duden Onlinewörterbuch*, Bedeutungen, Beispiele und Wendungen, www.duden.de; Printausgabe *Dudenredaktion* (Hrsg.), Duden. Das Synonymwörterbuch.

137 Nachdem Österreich nach der Schweiz und Deutschland ratifiziert hat, kommt die Vermutung auf, dass man sich in Österreich an die bereits bestehenden deutschen Übersetzungen bei der Ratifizierung gehalten hat.

nicht die Begriffe „*duty*"/„*obligation*" im engen Wortsinn wiedergibt. Hierzu wird auch im nächsten Kapitel nochmals im Detail eingegangen und nach passenderen Begriffen gesucht. Der Begriff „*Erhaltung in Bestand und Wertigkeit*" andererseits wird, wie *Seifert*[138] schlüssig ausführt, dem Sinn und Zweck des Übereinkommens und den beiden Sprachfassungen gerecht, da der Zusatz (*in Bestand und Wertigkeit*) über eine klassische Substanzschutzvorschrift hinausgeht und auch eine Verschlechterung des Zustandes im Vorfeld impliziert und damit der Absicht des Übereinkommens entspricht.

Zur Konkretisierung des Übereinkommens und einheitlichen Anwendung haben die Vertragsstaaten im Rahmen des Komitees Durchführungsrichtlinien („*Operational Guidelines for the Implementation of the World Heritage Convention*"[139]) erarbeitet. Sie ermöglichen die Anpassung der Umsetzung des Übereinkommens an neue Umstände und spiegeln damit auch die Vertragspraxis wider. Aus formeller Sicht können die Operativen Richtlinien gemäß Art 31 Abs 3 lit a der WVK bei der Auslegung des Übereinkommens als Rechtsquelle herangezogen werden.[140] In Bezug auf ihre materielle Verbindlichkeit unterzieht sie *Seifert*[141] einer ausführlichen Analyse und kommt dabei zum Schluss, dass die Operativen Richtlinien zwar durchaus verbindliche Verpflichtungen statuieren können, diese aber dort ihre Grenze haben, wo die dem Komitee übertragene Kompetenz endet.[142]

Die Beschlüsse (*Decisions*) des aus Staatenvertretern bestehende zwischenstaatliche Welterbekomitees können generell-abstrakter Natur oder in Bezug auf einzelne Welterbestätten individuell-konkret sein. Aus formeller Sicht sind sie als Beschlüsse von Vertragsanwendungsorganen grundsätzlich im Bereich des *soft-law*[143] anzusiedeln. Aus materieller Sicht endet die Bindungswirkung, wo die

---

138 *Seifert*, UNESCO-Übereinkommen und die Rechtsordnung der Bundesrepublik Deutschland 60 ff.

139 StF CC-77/CONF.001/8 idF WHC.17/01 12 July 2017.

140 *Binder/Zemanek* in *Reinisch* Rz 324; über nachfolgende Vereinbarungen und nachfolgende Praxis in Bezug auf Vertragsauslegung *International Law Commission*, First – Fourth report on subsequent agreements and subsequent practice in relation to the interpretation of treaties, Georg Nolte, Special Rapporteur, A/CN.4/660, A/CN.4/671, A/CN.4/683, A/CN.4/694.

141 *Seifert*, UNESCO-Übereinkommen und die Rechtsordnung der Bundesrepublik Deutschland 143 ff.

142 *Ibid.*, 145 ff.

143 *Schroeder/Schreuer* in *Reinisch* Rz 445 f; *Schroeder/Karl* in *Reinisch* Rz 513 ff; *Binder/Zemanek* in *Reinisch* Rz 558 f.

dem Komitee übertragenen Kompetenzen aufhören. Bei individuell-konkreten Beschlüssen zu einzelnen Welterbestätten besitzen sie vor allem empfehlenden Charakter, da dem Komitee die Überwachung der Erhaltungszustände und nicht der Schutz und Erhalt der Stätten an sich übertragen wurde. Trotz des empfehlenden Charakters besitzen die Beschlüsse des Welterbekomitees aber Autorität und werden in der Praxis auch meist befolgt.[144] Förderlich ist dem sicherlich, dass das Komitee von sich aus Stätten auf die (Rote) Liste des gefährdeten Welterbes setzen oder von der Liste streichen kann; Maßnahmen, die von den Staaten auch als unangenehm empfunden werden.

3.5.3 Norminhalt

Das Übereinkommen ist in eine Präambel und acht Abschnitte mit insgesamt 38 Artikeln gegliedert. Es regelt, was unter Kultur- und Naturerbe iS des Übereinkommens zu verstehen ist (Art 1 und 2) und legt fest, dass es den Staaten obliegt, jene Stätten von außergewöhnlichem universellem Wert für die Aufnahme in die Liste zu nominieren (Art 3). Es sieht eine nationale Schutz- und Erhaltungspflicht vor (Art 4 und 5) und etabliert ein internationales System der Unterstützung und Zusammenarbeit (Art 6 und 7). Demnach können Vertragsstaaten Anträge auf internationale Hilfe stellen (Art 19–26). Zu diesem Zweck wird auch ein Fonds eingerichtet (Art 15–18). Das Übereinkommen etabliert auch ein zwischenstaatliches Komitee (Art 8–14), das ua mit der Erstellung, Führung und Aktualisierung zweier Listen, der Welterbeliste und der Liste des gefährdeten Welterbes, betraut wird (Art 11 Abs 2 und 4). Vertragsstaaten haben regelmäßig über die Umsetzung des Übereinkommens Bericht zu erstatten (Art 29) und sind angehalten bewusstseinsbildende Maßnahmen zu ergreifen (Art 27–28).

3.5.4 Rechte und Pflichten der Vertragsstaaten

Das Übereinkommen zuerkennt bzw auferlegt den Vertragsstaaten eine Reihe von Rechten und Pflichten.

Die Operativen Richtlinien[145] und die Vertragspraxis haben diese noch spezifiziert und im Detail ausgestaltet, aber im Grunde erhalten die Vertragsstaaten das Recht:

---

144 *Schroeder/Karl* in *Reinisch* Rz 517.
145 Para 15 Operational Guidelines idF 2017.

1. Stätten, wie in Art 1 und 2 definiert und die sich auf ihrem Hoheitsgebiet befinden, zu identifizieren (Art 3) und dem Komitee mittels eines Verzeichnisses vorzulegen (Art 11 Abs 1);
2. Stätten, wie in Art 1 und 2 definiert, für die Aufnahme in die Listen zu nominieren (Art 11 Abs 3);
3. die Evaluierung einer nominierten Stätte zu genehmigen (Abs 7); vor einer Ablehnung einer Nominierung durch das Komitee konsultiert zu werden (Abs 6); bei Eintragung in die Liste des gefährdeten Erbes der Welt vom Komitee gehört zu werden (Art 11 Abs 4);
4. Anträge auf internationale Unterstützung zu stellen (Art 13 und 19);
5. (nur) freiwillige Beiträge für den Fonds zu leisten (Art 16 Abs 2);
6. Mitglied des Welterbekomitees zu werden (Art 8 Abs 1);

und gehen im Wesentlichen die Verpflichtung ein:

1. Stätten, wie in Art 1 und 2 definiert und die sich auf ihrem Hoheitsgebiet befinden, zu erfassen, zu schützen und zu erhalten (Art 4 und 5);
2. internationale Hilfe zu leisten, insb, wenn Staaten darum ersuchen (Art 6 Abs 2);
3. Maßnahmen zu unterlassen, die das Welterbe in anderen Staaten schädigen könnten (Art 6 Abs 3);
4. einen Teil ihrer Souveränität dem Komitee zu übertragen; nämlich in Bezug auf die Definitions- und Entscheidungsgewalt über die Aufnahmekriterien, -maßstäbe und -formalitäten, sowie die Überprüfung (Aktualisierung) der Liste (Art 11 Abs 2, 4 und 5);
5. Stätten nur aus den von ihnen geführten *Vorläufigen Listen* zu nominieren (Art 1 Abs 1 und 2);
6. bei Erhalt von internationaler Unterstützung mit dem Welterbekomitee ein Abkommen zu schließen (Art 13 Abs 3, Art 26), den meisten Teil der Kosten selber zu tragen (Art 25) und in Folge die Stätte (weiterhin) zu schützen und zu erhalten (Art 26);
7. finanzielle Mittel in den Fonds einzuzahlen (Art 16);
8. die Öffentlichkeit zu unterrichten und bewusstseinsbildende Maßnahmen durch Informations- und Bildungsprogramme zu setzen (Art 27 und 28);
9. regelmäßig über die Umsetzung und den Erhaltungszustand Bericht zu erstatten (Art 29).

4. Die Kernverpflichtungen zum nationalen und internationalen Schutz
Die Artikel 4 bis 6 im Übereinkommen

Ziel und Zweck des Übereinkommens ist der Schutz und Erhalt besonders bedeutender Stätten. Entscheidend dabei ist der Schutz auf nationaler und internationaler Ebene. Die für die Vertragsstaaten vorgesehenen Kernverpflichtungen auf diesen beiden Ebenen werden in den Art 4, 5 und 6 geregelt.

Internationaler Schutz bedeutet gemäß Art 7 *die Errichtung eines Systems der internationalen Zusammenarbeit und Hilfe.* Mit dem Übereinkommen ist keine Verschiebung von Eigentumsrechten oder eine Übertragung von Souveränitätsrechten erfolgt – so ausdrücklich Art 6, in dem die Achtung der Souveränität und der gewährten Eigentumsrechte explizit festgeschrieben sind. Der nationale Schutz bleibt damit als Recht und Pflicht bei den souveränen Staaten.

Mit dem Übereinkommen wurde also kein System der völkerrechtlichen Verwaltung herausragender Stätten angestrebt, sondern die Stätten im bestehenden Kontext belassen und dafür Standards zum nationalen Schutz – mittels einer Empfehlung[146] – und ein System der internationalen Hilfe und Zusammenarbeit – mittels eines Übereinkommens[147] – geschaffen. Demgemäß *ergänzt* der internationale Schutz den *nationalen,* kann diesen jedoch *nicht ersetzen.* So steht es auch in der Präambel des Übereinkommens.

Im vorliegenden Kapitel werden diese drei Artikel iS der juristischen Methodenlehre[148] analysiert, wo nötig einer Interpretation gemäß Art 31 bis 33 WVK[149] unterzogen und letztendlich einer Inhaltskonkretisierung zugeführt. Nach der WVK bildet die gewöhnliche Bedeutung der Bestimmungen des Vertragstextes in ihrem Zusammenhang den Ausgangspunkt der Interpretation

---

146 Recommendation concerning the Protection, at National Level, of the Cultural and Natural Heritage, Adopted by the General Conference at its seventeenth session, Paris, 21 November 1972.

147 Convention Concerning the Protection of the World Cultural and Natural Heritage, Adopted by the General Conference at its seventeenth session, Paris, 16 November 1972.

148 *Möllers,* Juristische Arbeitstechnik und wissenschaftliches Arbeiten 55 ff.

149 Das Wiener Übereinkommen über das Recht der Verträge (BGBl 40/1980) normiert in den Art 31–33 die Grundlagen für die Auslegung völkerrechtlicher Verträge.

(Art 31 Abs 2). Außerdem sind spätere Übereinkünfte zwischen den Vertragsparteien zu berücksichtigen, sowie die Übung bei der Vertragsanwendung,
also die spätere Praxis (Art 31 Abs 3).[150] Aus materieller Sicht sind die Regeln
Treu und Glauben sowie Ziel und Zweck bei der Vertragsinterpretation zu
beachten bzw der Auslegungsgrundsatz *effet utile*, wonach in Zweifelsfällen
die Bestimmungen so auszulegen sind, dass der Vertragszweck erreicht wird
(Art 31 Abs 1). Die vorbereitenden Arbeiten, die *travaux préparatoires*, dienen
als ergänzende Auslegungsmittel in erster Linie der Bestätigung der Textaus-
legung (Art 32). Als weitere Quellen kann die Judikatur Aufschluss über die
spätere Praxis geben, sowie die (Völkerrechts-)Lehre als Mittel der Rechtsauf-
findung dienen.[151]

In diesem Sinne werden im folgenden Kapitel als Quellen der Übereinkommenstext, die Operativen Richtlinien, die *travaux préparatoires*, sowie
die ständige und übereinstimmende Vertrags- und Anwendungspraxis herangezogen. Darüber hinaus wird die Regierungsvorlage in Rahmen der österreichischen Ratifizierung ausgewertet und österreichische Rechtsprechung
analysiert, aber auch ein Blick nach Deutschland gemacht. Ebenfalls Berücksichtigung finden die Ausführungen zu den Artikeln im Kommentar und die
einschlägige Literatur.

4.1 Nationaler Schutz und Erhalt: Art 4 und Art 5

Artikel 4
Jeder Vertragsstaat erkennt an, daß es in erster Linie seine eigene Aufgabe ist, Erfassung,
Schutz und Erhaltung in Bestand und Wertigkeit des in seinem Hoheitsgebiet befindlichen,
in den Artikeln 1 und 2 bezeichneten Kultur- und Naturerbes sowie seine Weitergabe an
künftige Generationen sicherzustellen. Er wird hierfür alles in seinen Kräften Stehende tun,
unter vollem Einsatz seiner eigenen Hilfsmittel und gegebenenfalls unter Nutzung jeder
ihm erreichbaren internationalen Unterstützung und Zusammenarbeit, insbesondere auf
finanziellem, künstlerischem, wissenschaftlichem und technischem Gebiet.

---

150 Jüngst zur Frage der nachfolgenden Vereinbarungen und nachfolgende Praxis in
Bezug auf Vertragsauslegung *International Law Commission*, First – Fourth report
on subsequent agreements and subsequent practice in relation to the interpretation
of treaties, Georg Nolte, Special Rapporteur, A/CN.4/660, A/CN.4/671, A/CN.4/683,
A/CN.4/694.

151 *Binder/Zemanek* in *Reinisch* Rz 317 ff, 328 ff; *Schroeder/Karl* in *Reinisch* Rz 504 ff,
508 ff, 511 ff.

Artikel 5

Um zu gewährleisten, daß wirksame und tatkräftige Maßnahmen zum Schutz und zur Erhaltung in Bestand und Wertigkeit des in seinem Hoheitsgebiet befindlichen Kultur- und Naturerbes getroffen werden, wird sich jeder Vertragsstaat bemühen, nach Möglichkeit und im Rahmen der Gegebenheiten seines Landes

a) *eine allgemeine Politik zu verfolgen, die darauf gerichtet ist, dem Kultur- und Naturerbe eine Funktion im öffentlichen Leben zu geben und den Schutz dieses Erbes in erschöpfende Planungen einzubeziehen;*

b) *in seinem Hoheitsgebiet, sofern Dienststellen für den Schutz und die Erhaltung des Kultur- und Naturerbes in Bestand und Wertigkeit nicht vorhanden sind, eine oder mehrere derartige Dienststellen einzurichten, die über geeignetes Personal und die zur Durchführung ihrer Aufgaben erforderlichen Mittel verfügen;*

c) *wissenschaftliche und technische Untersuchungen und Forschungen durchzuführen und Arbeitsmethoden zu entwickeln, die es ihm ermöglichen, die seinem Kultur- und Naturerbe drohenden Gefahren zu bekämpfen;*

d) *geeignete rechtliche, wissenschaftliche, technische, Verwaltungs- und Finanzmaßnahmen zu treffen, die für Erfassung, Schutz, Erhaltung in Bestand und Wertigkeit sowie Revitalisierung dieses Erbes erforderlich sind, und*

e) *die Errichtung oder den Ausbau nationaler oder regionaler Zentren zur Ausbildung auf dem Gebiet des Schutzes und der Erhaltung des Kultur- und Naturerbes in Bestand und Wertigkeit zu fördern und die wissenschaftliche Forschung in diesem Bereich zu unterstützen.*

Diese beiden Artikel normieren die Verpflichtungen der Staaten zum nationalen Schutz der (Welterbe-)Stätten, die auf ihren Hoheitsgebieten liegen. Aus diesen beiden Artikeln sind die in Streitfällen wichtigen Fragen abzuleiten, (1) ob, (2) in welchem Ausmaß und (3) wozu die Vertragsstaaten eine Verpflichtung trifft.

Gemäß Art 4 *anerkennt* demnach jeder Vertragsstaat, *dass es in erster Linie seine eigene Aufgabe ist.*[152] Stätten, die auf seinem Hoheitsgebiet sind und außergewöhnlichen universellen Wert besitzen, zu schützen und zu erhalten. Hierfür wird er *alles in seinen Kräften Stehende tun* und *unter vollem Einsatz* seiner eigenen Hilfsmittel.

In Art 5 werden von lit a bis lit e Maßnahmen zum nationalen Schutz gelistet: Jeder Vertragsstaat wird *sich bemühen, nach Möglichkeit und im Rahmen der eigenen Gegebenheiten wirksame und tatkräftige Maßnahmen* zu ergreifen, *um den Schutz und Erhalt zu gewährleisten.*

Wie mit der Hervorhebung ersichtlich gemacht, sind die Art 4 und 5 ihrem Wortlaut nach nicht eindeutig, ja man könnte fast widersprüchlich sagen: Einerseits haben wir eine (bloße) Anerkennung der „duty"/„obligation"/„Aufgabe",

---

152 Zum Begriff *Aufgabe* siehe die Ausführungen im Kapitel 3.2.1.

wobei aber die Vertragsstaaten *„alles in [ihren] Kräften dafür Stehende tun werden"* und *„unter vollem Einsatz der eigenen Hilfsmittel"*, um sich dann andererseits nach der weichen Formulierung des Art 5 wieder nur zu *„bemühen"*, und dies *„nach Möglichkeit und Gegebenheit des Landes"*. An diesen Formulierungen sieht man, dass die Bestimmungen in den Art 4 und 5 keine eindeutigen Bestimmungen beinhalten und auslegungsbedürftig sind.

Dh, ob Vertragsstaaten eine Verpflichtung zum innerstaatlichen Schutz trifft und wenn ja, welcher Art und welchen Grades, ist aus den Bestimmungen des Vertragstextes nicht eindeutig ableitbar. Die Frage der innerstaatlichen Verpflichtung ist jedoch bei Streitfällen grundlegend. Daher sollen in den folgenden Seiten diese beiden entscheidenden Artikel analysiert, gemäß WVK interpretiert und daraus schlussfolgernd die Verpflichtungsart, der Verpflichtungsgrad, der Schutzgegenstand und die Schutzbestimmungen bestimmt werden.

4.1.1 Verpflichtungsart

4.1.1.1 Der Übereinkommenstext

Aufgrund des auslegungsbedürftigen Wortlautes ist die Verpflichtungsart, wie soeben aufgezeigt, aus dem Vertragstext nicht eindeutig ableitbar. Hinzu kommt, dass sich die authentischen Sprachfassungen, sowie die deutsche Fassung beim Wortlaut in Art 4 maßgeblich unterscheiden. Im englischen Text findet der Begriff *„duty"* Anwendung, im französischen Text *„obligation"* und in der deutschen Übersetzung der Begriff *„Aufgabe"*. Wie bereits im Kapitel 3.2.1 angeschnitten, führen diese Begriffe zu unterschiedlichen Verpflichtungsarten und -graden, wie es auch *Lenzerini*[153] ausgeführt hat: *Duty* steht mehr für eine moralische Pflicht, für ein Bekenntnis, während *obligation* eine zwingende Verpflichtung, eine Anforderung darstellt. *Aufgabe* wiederum ist nach dem allgemeinen Sprachgebrauch[154] eher eine allgemeine, nochmals schwächere Form einer Pflicht. Auch wenn im Deutschen eine klare Differenzierung und Abgrenzung zwischen den Begriffen Pflicht, Verpflichtung, Aufgabe, Verantwortung schwerfällt, soll in dieser Arbeit zwischen diesen Begriffen unterschieden werden, um

---

153 *Lenzerini*, Articles 30–33 and 35–38. Final Clauses, in *Francioni* 347 f; siehe auch Kapitel 3.2.1.

154 *Duden Onlinewörterbuch*, Bedeutungen, Beispiele und Wendungen, www.duden.de; Printausgabe *Dudenredaktion* (Hrsg.), Duden. Das Synonymwörterbuch. Während das Verb „sich verpflichten" iS einer obligatorischen Verbindlichkeit eingehen eindeutig ist, sind die Substantive Pflicht, Verpflichtung, Aufgabe, Verantwortung fließender und schwieriger voneinander abgrenzbar.

letztendlich den Gehalt der Begriffe und damit besser die Verpflichtungsart und den Verpflichtungsgrad herausarbeiten zu können.[155]

Dh, wir haben es dem Wortlaut der Sprachfassungen nach im Vertragstext mit keinen übereinstimmenden Begriffen zu tun. Es werden drei verschiedene verwendet, die große Spannbreiten an Verpflichtungsarten und -graden beinhalten: von einer obligatorischen Verpflichtung, über eine moralische Pflicht, bis hin zu einer unverbindlichen Aufgabe. Eine eindeutige Feststellung der Verpflichtungsart ist somit anhand des Vertragstextes aufgrund der Auslegungsbedürftigkeit der Bestimmungen per se, als auch aufgrund der Verschiedenheit der Begriffe in den Sprachfassungen nicht möglich.

4.1.1.2 Die Operativen Richtlinien zum Übereinkommen

In den Operativen Richtlinien für die Umsetzung des Welterbe-Übereinkommens[156] werden die nationalen Pflichten gemäß Art 4 und 5 des Übereinkommens in Para 15 aufgelistet. Dabei wird eingangs auf die Souveränität der Staaten verwiesen[157] und dann die *„responsibility"/„responsabilité"/Verantwortung* der Staaten, die ihnen aufgrund des Übereinkommens zukommt, in 14 Punkten[158]

---

155 Da aber eine klare Differenzierung der Begrifflichkeiten schwierig ist, findet eine extensive Auslegung der Begriffe Anwendung.

156 The Operational Guidelines for the Implementation of the World Heritage Convention StF CC-77/CONF.001/8 idF WHC.17/01 12 July 2017.

157 *„While fully respecting the sovereignty of the States on whose territory the cultural and natural heritage is situated, States Parties to the Convention recognize the collective interest of the international community to cooperate in the protection of this heritage",* Para 15 Operational Guidelines idF 2017, 11.

158 Para 15 listet von lit a – lit n konkrete Maßnahmen, die zusammengefasst lauten: Stätten auf ihrem Hoheitsgebiet zu identifizieren, zu nominieren, zu schützen und zu erhalten, und andere Staaten darin zu unterstützen (lit a); eine allgemeine Politik zu verfolgen (lit b); den Schutzgedanken in Planungsinstrumenten zu integrieren (lit c); Servicestellen zum Schutz und Erhalt einzurichten (lit d); wissenschaftliche und technische Studien zur Gefahrenprävention zu entwickeln (lit e); rechtliche, wissenschaftliche, technische, Verwaltungs- und Finanzmaßnahmen zu treffen (lit f); die Errichtung von Ausbildungs- und Trainingszentren zu fördern (lit g); keine vorsätzlichen Maßnahmen, die das eigene Kultur- und Naturerbe oder eines anderen Vertragsstaates, schädigen könnten, zu ergreifen (lit h); dem Welterbekomitee eine Vorläufige Liste vorzulegen (lit i); regelmäßige Beiträge zum Welterbefonds zu leisten und zur Mittellukrierung beizutragen (lit j, k und l); Bildungs- und Informationsprogramme zu nützen (lit m) und dem Welterbekomitee Informationen über die Implementierung und den Erhaltungszustand zur Verfügung zu stellen (lit n).

gelistet. Die Operativen Richtlinien verwenden also für den innerstaatlichen Schutz und Erhalt von Stätten weder den Begriff „*duty*" noch „*obligation*", sondern berufen sich auf die *Verantwortung* der Staaten, die sie aufgrund ihrer Souveränität besitzen. Die taxative Aufzählung macht diese *Verantwortung* der Staaten dann jedoch gegenständlich, indem sie konkrete Maßnahmen anführt, die Staaten zu ergreifen haben. Beachtenswert in Zusammenhang mit dieser Arbeit ist insb lit h, wonach Vertragsstaaten die *Verantwortung* tragen, „*not [to] take any deliberate measures that directly or indirectly damage their heritage or that of another State Party to the Convention*",[159] also dass Vertragsstaaten keine vorsätzlichen Maßnahmen ergreifen sollen, die sowohl die *eigenen* Welterbestätten als auch jene *anderer* Staaten schädigen könnten.[160]

Dh, mit der Maßnahmenlistung wird einerseits konkretes Handeln iS einer Verpflichtung/Pflicht gefordert (auch konkret auf die *eigenen* Welterbestätten bezogen), andererseits macht Para 15 auch klar, dass die Entscheidung ausschließlich bei den Vertragsstaaten selbst liegt und damit eher einer Aufgabe/ Verantwortung entspricht. Die Operativen Richtlinien lassen damit auch keine eindeutige Zuordnung der Bestimmungen iS einer *obligation* oder iS einer *duty* zu.

4.1.1.3 Die travaux préparatoires

Die vorbereitenden Arbeiten, also die *travaux préparatoires*, geben Auskunft, welche Überlegungen und Diskussionen zu den Artikeln und Formulierungen führten. Sie helfen den Regelungswillen zu ermitteln und dienen damit der Sinn- und Inhaltsbestimmung.[161]

In Bezug auf den nationalen Schutz und Erhalt gibt eine von der UNESCO im Vorfeld der Ausarbeitung erstellte *Preliminary Study*[162] unmissverständlich Aufschluss über die Möglichkeiten und Intentionen einer verbindlichen Normierung des innerstaatlichen Schutzes von Kulturstätten:

---

159 Para 15 Operational Guidelines idF 2017, 11.
160 Näheres dazu siehe Kapitel 4.1.1.4.
161 Dazu auch *Binder/Zemanek* in *Reinisch* Rz 318 f.
162 UNESCO Doc. 84 EX/14 Annex Preliminary Study on the legal and technical aspects of a possible international instrument for the protection of monuments and sites of universal value, 22 April 1970.

„It does not appear that the time has yet come to draw up, by means of an international Convention, rules for the national protection of monuments, groups of buildings and sites of universal value."[163]

Die Zeit sei also noch nicht reif, um den nationalen Schutz mittels eines Übereinkommens international verpflichtend festzuschreiben, so die *Preliminary Study*. Daher sollten *Prinzipien* zum innerstaatlichen Schutz formuliert werden, die Staaten in ihr nationales Recht aufnehmen könnten:

„[I]t might be advisable, on the basis of principles clearly set out as being desirable, to recommend that Member States consider whether, depending on their particular circumstances, they would find it possible to modify their domestic legislation in accordance with these new principles."[164]

In diesem Sinne empfahl auch die ad personam Expertengruppe die Ausarbeitung einer (unverbindlichen) Empfehlung für die nationale Ebene und ein (verbindliches) Übereinkommen für die internationale Zusammenarbeit in diesem Bereich.[165]

Hier wird also klar ersichtlich, dass aufgrund der bestehenden völkerrechtlichen Ordnung der innerstaatliche Schutz nicht mittels eines verbindlichen Rechtsinstruments normiert werden konnte. Somit war auch die Frage, ob das Übereinkommen, das den internationalen Bereich verbindlich regeln sollte, auch innerstaatliche Schutzverpflichtungen beinhalten sollte, Diskussionsgegenstand bei den Verhandlungen des Vertragstextes. Der erste (Experten-)Textentwurf[166] sah einen Abschnitt II zum *nationalen und internationalen Schutz* vor und darin einen Art 3, der später zu Art 4 und 5 wurde:

„The States Parties to this Convention recognize that the duty of ensuring the protection, development and transmission to future generations of the property referred to in Article 2 situated on their territory is primarily theirs. To this end, they undertake to work to the utmost of their own resources and with any international assistance and co-operation, in particular financial, artistic, scientific and technical, which they may be able to obtain."

---

163 Ibid., 13.
164 Ibid.
165 UNESCO Doc. SHC/MD/4 Final Report Meeting of Experts to establish an international system for the protection of monuments, groups of buildings and sites of universal interest, Paris, 21–25 July 1969.
166 UNESCO Doc. SHC/MD/17.

Dieser erste Textentwurf, der den Mitgliedstaaten im Juni 1971 zur Kommentierung übermittelt wurde, sah somit die Normierung des nationalen Schutzes iS einer *duty* vor, wobei Mitgliedsstaaten dafür *alle eigenen, ihnen zur Verfügung Stehende Mittel* einsetzen sollten. Erläutert wird dieser Artikel im Bericht,[167] der den Mitgliedstaaten mit dem ersten Textentwurf übermittelt wurde, folgendermaßen:

> *„International protection can only be of a supplementary nature. It does not replace national protection. Thus, Article 3 of the preliminary draft convention places States on whose territory the immovable cultural property is situated under a formal obligation to ensure its protection. They undertake to do this to the best of their available resources as well as by means of any international co-operation which they can obtain."*[168]

In der frühen Phase der Ausarbeitung des Übereinkommens wird also der Übereinkommensentwurf idS kommentiert, dass der internationale Schutz den nationalen nicht ersetzen kann, dass Art 3 (heute Art 4) die territorialen Staaten zum Schutz *formal verpflichtet* und dass diese dies nach den besten ihnen zur Verfügung stehenden Mitteln und Ressourcen und mit internationaler Kooperation tun werden. Beachtenswert ist die starke Formulierung, dass das Übereinkommen die Vertragsstaaten unter eine *formal obligation/formelle Verpflichtung* zum innerstaatlichen Schutz und Erhalt stellt. Im Verlauf der zwischenstaatlichen Verhandlungen[169] sind zwar keine Hinweise mehr erkennbar, dass die Bestimmungen zum innerstaatlichen Schutz als *formal obligation* festgeschrieben werden sollten.[170] Aber die grundsätzliche Normierung der Verantwortung zum nationalen Schutz blieb bestehen, und zwar unbestritten (Art 4) und es wurden sogar noch konkrete Maßnahmen hinzugefügt (Art 5). Im Bericht des zwischenstaatlichen Regierungsexpertentreffens ist hierzu zu lesen:

---

167 Ibid.

168 Ibid., 17, 22 f.

169 Stellungnahmen der Mitgliedstaaten: UNESCO Doc. SHC/MD/18; Bericht des zwischenstaatlichen Regierungsexpertentreffens zur Verhandlung und Finalisierung des Übereinkommens: UNESCO Doc. SHC.72/CONF.37/19, 6 ff.

170 Zwar findet sich in der französischen Sprachfassung des Übereinkommens in Art 4 der Begriff *„l'obligation"*, jedoch wird in den nächsten Seiten aufgezeigt, dass dem Prinzip nach die innerstaatliche Erhaltungspflicht nicht als *formelle Verpflichtung* (wie zB in Art 6) festgeschrieben werden sollte und auch nicht konnte.

„Under this provision [Anm: Art 4], the States Parties recognize that they bear the chief responsibility for the cultural and natural heritage [included in the lists specified in Article 11 and] situated on their territory. They are primarily responsible for ensuring its identification, protection, conservation, presentation, rehabilitation and transmission to future generations."[171]

Nicht unumstritten war jedoch die Listung von konkreten Maßnahmen in Art 5. Hierzu ist zu lesen:

„Some Member States raised the question whether a provision relating to protection at the national level should not be included in the Recommendation rather than in the Convention. Some delegations would have preferred a provision containing no details with regard to the form that national protection should take. The majority of the Committee members, however, believed that a provision stipulating that protection should be afforded at the national level and specifying the best methods of ensuring such protection should be included in the Convention."[172]

Einige Staaten, vor allem die sogenannten *developed countries*, waren gegen eine ausführliche Listung von Maßnahmen auf nationaler Ebene. Auch Österreich äußerte sich hierzu kritisch, wie in der schriftlichen Stellungnahme[173] zum ersten Textentwurf ersichtlich ist: Österreich könne solch einer Maßnahmenlistung nicht zustimmen, *„since they would entail extremly heavy expenditure"* und schlug vor, zumindest die Wörter *„they undertake to"* durch *„they will make every effort"* zu ersetzen.[174] Diesen Vorschlag nahm das UNESCO-Sekretariat auf und er führte dazu, dass letztendlich alle Staaten auch einer Maßnahmenlistung zustimmten. Aus diesem Grund *„bemühen"* sich nach Art 5 die Vertragsstaaten *„nach Möglichkeiten und im Rahmen der Gegebenheiten"* die Maßnahmen zu ergreifen. Gegen einen allgemeinen Artikel zum nationalen Schutz, wie in Art 3 (heute Art 4) normiert, hatte aber auch Österreich keine Einwände.[175]

Die allgemeine Akzeptanz der (neuen) Art 4 und 5 wird auch dadurch ersichtlich, dass während der Generalkonferenz, die das Übereinkommen eigentlich formal nur mehr verabschieden sollte, noch intensiv über den Vertragstext verhandelt wurde.[176] Es wurde eine Vielzahl an Änderungsvorschlägen noch

---

171 UNESCO Doc. SHC.72/CONF.37/19, 6.

172 Ibid., 6 f.

173 UNESCO Doc. SHC/MD/18, 2 f.

174 UNESCO Doc. SHC/MD/18 Annex I 3.

175 Ibid., 2 f; siehe auch Kapitel 3.1.

176 UNESCO Doc. Records of the General Conference, 17th Session, 1972, Volume II Rz 286 ff.

in letzter Minute eingebracht und über jedes *amendment* einzeln abgestimmt. Zu den Art 4 und 5 gab es jedoch keine Änderungsvorschläge. Sie waren eine der wenigen Artikel, die ohne Diskussion angenommen wurden. Dies bezeugt, dass die Normierung des nationalen Schutzes und Erhalts auf breite Zustimmung stieß.

Dh, aus den *travaux préparatoires* lässt sich schließen, dass die Staaten bewusst verschiedene Arten und Formen völkerrechtlicher Verträge für den nationalen und internationalen Schutz von besonders bedeutenden Kultur- und Naturerbestätten wählten: ein (verbindliches) Übereinkommen für die internationale Zusammenarbeit und eine (unverbindliche) Empfehlung für den nationalen Schutz. Die nationale und internationale Ebene sollte demgemäß in getrennten Rechtsinstrumenten geregelt werden, wobei der nationale Bereich unverbindlich bleiben und den Charakter einer Empfehlung haben sollte. Trotz dieser inhaltlichen Aufteilung befanden aber die Staaten, dass auch im (verbindlichen) Übereinkommen der nationale Schutz normiert werden sollte. Eine Mehrheit sprach sich darüber hinaus auch für eine Listung von konkreten Maßnahmen aus. Auch wenn zu Beginn von einer *„formal obligation"* des nationalen Schutzes die Rede war, lassen die folgenden Verhandlungen eher darauf schließen, dass grundsätzlich keine rechtlich zwingende Verpflichtung zum nationalen Schutz und Erhalt mit dem Überreinkommen festgeschrieben werden sollte (und auch aufgrund der bestehenden völkerrechtlichen Ordnung nicht hätte können). Trotzdem galt der nationale Schutzgedanke als essenziell, auch im Übereinkommen, da er die Grundvoraussetzung für jeglichen Schutz und Erhalt darstellt. Sowie die Präambel mit der Betonung, dass die internationale Hilfe den nationalen Schutz nur ergänzen aber nicht ersetzen kann, als auch Art 5 mit der Listung konkreter Maßnahmen unterstreicht diese Bedeutung.

4.1.1.4 Die Anwendungspraxis

In der Anwendungspraxis, die vor allem in den Operativen Richtlinien und den Entscheidungen, den *Decisions,* des Welterbekomitees zu einzelnen Welterbestätten ersichtlich wird, nimmt der nationale Schutz einen wichtigen Stellenwert ein.

So sieht Para 15 lit h in den Operativen Richtlinien vor, dass Vertragsstaaten auch Maßnahmen zu unterlassen haben, die die *eigenen* Welterbestätten schädigen könnten. Die Operativen Richtlinien gehen damit weiter als das Übereinkommen, das Regelungen nur in Bezug auf Schädigung von Stätten in *anderen* Staaten vorsieht (Art 6 Abs 3). Dies zeigt, dass der Vertragsumfang durch die ständige und übereinstimmende Anwendungspraxis eine Erweiterung fand und eine Verantwortung der Vertragsstaaten in Bezug auf die *eigenen* Welterbestätten explizit Einzug hielt.

Das zwischenstaatliche Welterbekomitee, das mit der Aktualisierung der Welterbeliste betraut und damit implizit mit der Überwachung der Erhaltungszustände der einzelnen Stätten beauftragt wurde, mahnt auch in seinen Beschlüssen[177] zu einzelnen Welterbestätten regelmäßig nationale Schutz- und Erhaltungsmaßnahmen ein, fordert Staaten zur Handlung auf und gibt konkrete Empfehlungen.[178] Art 4 und 5 werden in der Vertragspraxis somit iS einer *obligation* angewendet, auch wenn aus formeller und materieller Sicht die Beschlüsse des Welterbekomitees in Bezug auf Schutz und Erhalt von Welterbestätten grundsätzlich keine rechtliche Bindung herbeiführen können.[179] Trotzdem ist beim Welterbe auch zu beobachten – was *Schroeder/Karl*[180] allgemein ausführen –, nämlich dass Komiteeentscheidungen trotz ihres empfehlenden Charakters Autorität besitzen und erheblichen Druck auf die Vertragsstaaten ausüben können und damit in der Praxis auch häufig befolgt werden. Davon zeugen auch die Komiteesitzungen, in denen Staaten, wenn „ihre" Stätten aufgrund von Bedrohungen und mangelndem innerstaatlichen Schutz und Erhalt auf der Tagesordnung stehen, meist hochrangig vertreten sind und mit Zusagen oder Kompromissen versuchen, das Komitee zu überzeugen.[181]

Dh, nach der Vertragspraxis entsprächen dem Prinzip nach die Bestimmungen zum nationalen Schutz und Erhalt in Art 4 und 5 eher einer *obligatorischen Verpflichtung*, die eingefordert wird. Auch wenn das Übereinkommen dem Komitee nicht die rechtlichen Durchsetzungsmöglichkeiten zum nationalen Schutz übertragen hat, hat sich die Vertragspraxis etabliert, dass die internationale Gemeinschaft durch das Welterbekomitee den innerstaatlichen Schutz und Erhalt von Kultur- und Naturerbestätten einfordert und die Vertragsstaaten an ihre eingegangenen Verpflichtungen erinnert. Kommen Vertragsstaaten dieser nicht nach, kann diese zwar nicht mit Zwangsmitteln durchgesetzt werden, aber

---

177 http://whc.unesco.org/en/decisions/ (zuletzt abgefragt am 28.11.2018).

178 Dazu näher *Mairitsch*, UNESCO-Welterbe – Schutz und Erhalt als nationale Aufgabe. Eine Themenskizze, in Bulletin Kunst & Recht (2016/2, 2017/1) 117 ff.

179 Dazu auch Kapitel 3.2.2; allgemein *Grabenwarter* in *Reinisch* Rz 558 f; *Schroeder/Schreuer* in *Reinisch* Rz 445 f; *Schroeder/Karl* in *Reinisch* Rz 513 ff.

180 *Schroeder/Karl* in *Reinisch* Rz 517.

181 Die Debatten im Komitee werden live übertragen und können auch nachgehört werden. Die 41. Sitzung kann beispielsweise unter https://www.youtube.com/playlist?list=PLWuYED1WVJIN_IhPNh90NK6nxg6qcylDr abgerufen werden (zuletzt abgefragt am 15.10.2018).

das Komitee kann die ihm zur Verfügung stehenden Mittel ergreifen bzw Konsequenzen ziehen und eine Stätte in die Liste des gefährdeten Erbes der Welt eintragen bzw diese von der Welterbeliste streichen. Dass in den Operativen Richtlinien mit Para 15 lit h zu unterlassende schädigende Maßnahmen auch für *eigene* Welterbestätten angeführt sind, zeugt ebenso von der Wichtigkeit des nationalen Schutzes und deutet auf eine *obligatorische Verpflichtung hin.*

4.1.1.5 Die Umsetzung in Österreich

Nachdem der Vertragstext an sich, die Operativen Richtlinien, die *travaux préparatoires* und die Vertragspraxis behandelt wurden, soll nun der Blick auf Österreich gerichtet werden, also wie das Übereinkommen in Hinblick auf die nationalen Verpflichtungen in Österreich bisher ausgelegt wurde. Berücksichtigt werden die Regierungsvorlage im Zuge der Ratifizierung und die zum Übereinkommen vorhandene Rechtsprechung. Da im nächsten Kapitel näher auf die Umsetzung des Übereinkommens in Österreich eingegangen wird, soll hier nur das für die nationalen Schutz- und Erhaltebestimmungen Relevante angeführt werden.

In den Erläuterungen zur Regierungsvorlage,[182] die zur Ratifizierung des Übereinkommens durch Österreich geführt hat, wird zu den nationalen Verpflichtungen Folgendes ausgeführt:

Art 4:

„Dieser Artikel verpflichtet die Vertragsstaaten, ihr eigenes Kultur- und Naturerbe zu erfassen, zu schützen und zu erhalten. Da in Artikel 3 klargestellt ist, daß die Vertragsstaaten die Zuordnung von Objekten zu den Kategorien dieses Kultur- und Naturerbes in Eigenkompetenz vornehmen – und eine solche Zuordnung offensichtlich auch rückgängig machen können -, obliegt es jedem Vertragsstaat selbst, den Umfang seiner Verpflichtung nach Artikel 4 zu bestimmen. Wie im Allgemeinen Teil sowie unten zu Artikel 6 ausgeführt, bestehen Verpflichtungen des Staates aus diesem Übereinkommen nur, soweit ein Kultur- oder Naturgut in die Liste gemäß Artikel 11 aufgenommen wurde. Die Verpflichtung aus Artikel 4 ist daher lediglich im Sinne einer grundsätzlichen politischen Ausrichtung, primär hinsichtlich der Auswahl zum Zweck des Antrages auf Aufnahme in diese Liste zu verstehen."[183]

---

182 ErläutRV 644 BlgNR XVIII. GP.
183 Ibid., 26.

Art 5:

„Durch die in diesem Artikel angeführten Maßnahmen soll die praktische Verwirklichung des Übereinkommens gefordert werden. Der Maßnahmenkatalog hat den Charakter einer Empfehlung."[184]

Die Erläuterungen zu Art 5 sind eindeutig: Die im Artikel enthaltenen Maßnahmen haben keine bindende Wirkung, sondern Empfehlungscharakter. In den Erläuterungen zu Art 4 sind hingegen vier Aussagen herauszulesen: (1) Art 4 *„verpflichtet"* Vertragsstaaten zum innerstaatlichen Schutz und Erhalt; (2) der *„Umfang der Verpflichtung"* ist aufgrund des nach Art 3 gegebenen Definitions- und Bestimmungsrechts von den Vertragsstaaten selbst bestimmbar, und (3) diese Verpflichtung besteht nur für in die Welterbeliste aufgenommene Stätten. (4) Daraus schließt der Gesetzgeber, dass *„[d]ie Verpflichtung [...] daher lediglich im Sinne einer grundsätzlichen politischen Ausrichtung, primär hinsichtlich der Auswahl zum Zweck des Antrages auf Aufnahme in diese Liste zu verstehen [ist]"*. Warum die *Verpflichtung* zum nationalen Schutz in Art 4 *lediglich im Sinne einer grundsätzlichen politischen Ausrichtung zu verstehen ist*, und zwar *primär hinsichtlich der Auswahl zum Zweck des Antrages auf Aufnahme in die Liste*, wird nicht näher ausgeführt. Der erste Teil der Interpretation – nämlich dass die *Verpflichtung* iS einer grundsätzlichen politischen Ausrichtung zu verstehen ist – mag aufgrund des allgemein gehaltenen Wortlautes im Artikel grundsätzlich Sinn machen. Der zweite Teil – nämlich dass die *Verpflichtung primär hinsichtlich der Auswahl zum Zweck des Antrages auf Aufnahme in diese Liste zu verstehen ist* – ist jedoch nicht ganz schlüssig. Art 3, der die *Auswahl zum Zweck des Antrages auf Aufnahme* normiert, gibt nämlich Staaten das ausschließliche *Recht* Stätten zu identifizieren (und zu nominieren und damit letztendlich das Ausmaß ihrer Verpflichtung zu bestimmen).[185] Aus dem Wortlaut des Art 3 lässt sich damit keine *Verpflichtung*, keine Muss-Bestimmung ableiten. Ganz im Gegenteil: Gerade hier ist die (absolute) Souveränität der Staaten am stärksten normiert, indem ein (Grund-)Recht der Staaten festgelegt wird, nämlich, dass sie nur Stätten auf ihrem Hoheitsgebiet identifizieren und nominieren können. Der Umkehrschluss führt auch dazu, dass Vertragsstaaten keinerlei Verpflichtungen zum nationalen Schutz eingehen, wenn sie keine Stätten identifizieren

---

184 Ibid.

185 Auch in der Regierungsvorlage wird Art 3 idS erläutert: *„Hier* [Anm: Art 3] *wird klargestellt, daß die Zuordnung von Objekten des eigenen Hoheitsgebietes zu den Kategorien des Kulturerbes und des Naturerbes in die ausschließliche Zuständigkeit des betreffenden Vertragsstaates fällt [...]"*, ErläutRV 644 BlgNR XVIII. GP 26.

und für die Aufnahme in die Welterbeliste nominieren. Was der Gesetzgeber eventuell mit seiner Beschränkung gemeint haben könnte, ist, dass Staaten Stätten erst auswählen *müssen*, um sie in Folge nominieren zu können. Also dass die Auswahl *verpflichtend* für eine Nominierung ist. Im rechtlichen Sinne wäre dies jedoch keine Verpflichtung, sondern lediglich eine logische Voraussetzung.

Die mündliche Debatte im Nationalrat zur Genehmigung des Abschlusses des Staatsvertrages am 12. November 1992 wiederum lässt schließen, dass der Gesetzgeber sich der nationalen Verpflichtung auch bewusst war. So äußerte sich Abgeordneter Dipl.-Ing. Flicker (ÖVP) bei der Debatte mit den Worten:

> *„Wir verpflichten uns mit dem Beitritt zu dieser Konvention, unser in unserem Land befindliches Kultur- und Naturerbe zu schützen. Die Gemeinschaft aller Staaten, die dieser Konvention beigetreten sind, verpflichten sich aber auch, gegenseitig zu helfen, wenn Länder und Völker nicht in der Lage sind, diese anerkannten Kultur- und Naturgüter zu erhalten."*[186]

In Österreich gibt es bisher eine[187] höchstgerichtliche Entscheidung der Verwaltungsgerichtsbarkeit, die sich konkrete auf Art 4 bezieht und diesen auslegt. Das Erkenntnis des VwGH vom 19.12.2013[188] steht in Zusammenhang mit der

---

186 Stenographisches Protokoll, 88. Sitzung des Nationalrates der Republik Österreich, XVIII GP 52.
187 VwGH 19.12.2013, 2011/03/0160, 0162, 0164, 0165. Die Entscheidung VwGH 17.11.2015, 2015/03/0058, ebenfalls zum „Semmering-Basistunnel neu", verweist im Grunde auf die Entscheidung vom VwGH 19.12.2013, 2011/03/0160, 0162, 0164, 0165. Im Verfahren VwGH 17.11.2015, 2015/03/0058 wies der VwGH die von der gleichen Umweltorganisation eingebrachte Revision gegen ein Erkenntnis des BVwG 21.5.2015 Zlen W102 2009977-1/36E, W102 2012860-1/18E, W102 2010629-1/14E, W102 2012548-1/15E, W102 2010608-1/16E, W102 2009137-1/16E, W102 2015000-1/11E zurück, mit der Begründung, dass es der Revisionswerberin nicht gelungen ist, eine Rechtsfrage von grundsätzlicher Bedeutung aufzuwerfen: Das angefochtene Erkenntnis vom BVwG sei weder mangelhaft begründet, noch ist das BVwG von der Rechtsprechung des Verwaltungsgerichtshofes – insb von jenen Leitlinien, die sich aus dem Erkenntnis vom 19.12.2013 ergeben – abgewichen. In seinen Erwägungen wiederholte der VwGH das Erkenntnis vom 19.12.2013, 2011/03/0160, 0162, 0164, 0165, wonach Art 4 nur iS einer grundsätzlichen politischen Ausrichtung zu verstehen und aus dem Welterbe-Übereinkommen keine völkerrechtliche Verpflichtung zu entnehmen ist, die der Erteilung einer Bewilligung für den „Semmering-Basistunnel neu" entgegenstünde. Daher sei es auch nicht nötig näher zu prüfen, ob die Welterbestätte „Semmeringeisenbahn" dem Grunde nach durch den Tunnelbau beeinträchtigt werden könnte: VwGH 17.11.2015, 2015/03/0058 Rz 4.4.
188 VwGH 19.12.2013, 2011/03/0160, 0162, 0164, 0165.

Welterbestätte *„Semmeringeisenbahn"* und dem Bau des *„Semmering-Basistunnels neu".* Die beschwerdeführenden Parteien brachten Beschwerde gegen einen Bescheid betreffend Genehmigung zur Verwirklichung des Semmering-Basistunnels nach dem UVP-G 2000[189] ein. In Bezug auf das Welterbe-Übereinkommen berief sich eine beschwerdeführende Umweltorganisation auf das Übereinkommen,[190] insb auf Art 4, wonach (zusammengefasst) der Bau des Tunnels den außergewöhnlichen universellen Wert der Welterbestätte Semmeringbahn und seine umgebende Kulturlandschaft gefährde. Demnach käme es durch die Errichtung des Tunnels zu gravierenden Beeinträchtigungen des natürlichen Wasser- und Naturhaushaltes der die Semmeringeisenbahn umgebenden Kulturlandschaft. Die Republik verstoße damit gegen ihre eingegangene völkerrechtliche Verpflichtung, da sie nicht Maßnahmen unterlasse, die die Welterbestätte beschädigen könnten.[191]

In seiner Entscheidung stufte der VwGH dieses Vorbringen als nicht geeignet ein, eine Rechtswidrigkeit des angefochtenen Bescheids aufzuzeigen: Weder ließe sich aus Art 11 Abs 2 (Errichtung der Welterbeliste) noch aus Art 4 (nationaler Schutz und Erhalt) *„eine völkerrechtliche Verpflichtung zur Erhaltung eines in die Liste (...) aufgenommenen, auf dem eigenen Hoheitsgebiet eines Vertragsstaates befindlichen Kultur- oder Naturerbes (entnehmen), die der Erlassung des bekämpften Bescheides entgegenstünde".*[192] Damit verstoße die Erteilung der Bewilligung zur Errichtung des Tunnels auch nicht gegen eine aus dem Übereinkommen (und den Richtlinien) ergebende Verpflichtung, *„als sich aus dem Übereinkommen kein gesetzliches Verbot ableiten lässt, den angefochtenen Bescheid zu erlassen".*[193] In seiner Argumentation vergleicht er Art 4 mit Art 6 Abs 3, wo es eine Unterlassungspflicht zur Schädigung von Welterbestätten anderer Staaten gibt. Er schließt aus dem unterschiedlichen Wortlaut, dass Art 4 *„eine andere, weniger weitreichende völkerrechtliche Vorgabe zur Erhaltung von auf dem eigenen Hoheitsgebiet eines Staates liegenden Kultur- oder Naturerbe normiert"*[194] als dies Art 6 vorschreibt. Diesen Befund sieht er bestätigt in den Erläuterungen

---

189 Bundesgesetz über die Prüfung der Umweltverträglichkeit (Umweltverträglichkeitsprüfungsgesetz 2000 – UVP-G 2000) StF BGBl 697/1993 idF BGBl I 111/2017.

190 Das Übereinkommen besitzt mit Ratifikation gemäß Art 50 Abs 1 B-VG einfachen Gesetzesrang. Genaueres siehe auch Kapitel 5.1 und 5.2.

191 VwGH 19.12.2013, 2011/03/0160, 0162, 0164, 0165 Rz 9.1.

192 Ibid., Rz 9.4.3.

193 Ibid.

194 Ibid., Rz 9.4.1.

zur Regierungsvorlage, demnach Art 4 *lediglich im Sinne einer grundsätzlichen politischen Ausrichtung zu verstehen ist.*[195]

Dh, auf Österreich bezogen kann zusammenfassend gesagt werden, dass der Gesetzgeber grundsätzlich von einer innerstaatlichen *Schutz- und Erhaltungspflicht* ausgegangen ist, wobei aber das *Ausmaß* durch das im Übereinkommen in Art 3 normierte Definitionsrecht vom Staat *selbst bestimm- und lenkbar ist.* Die Verpflichtung ist demnach (lediglich) iS einer *grundsätzlichen politischen Ausrichtung* zu verstehen, was Art 5, der den Charakter einer Empfehlung hat, unterstreicht. Demnach wird der nationale Schutz und Erhalt eher iS einer *duty* interpretiert, also als *Pflicht*, als *Aufgabe* ausgelegt. Dieser Auslegung folgt im Grunde auch die Rechtsprechung, wobei diese aber noch etwas weiter geht und dem Übereinkommen letztlich normative Wirkung in Bezug auf eine innerstaatliche Schutz- und Erhaltungspflicht abspricht: In dem Verfahren 2011/03/0160 (und 2015/03/0058) geht der VwGH auf den Rechtscharakter von Art 4 ein. Er bezeichnet (verkürzt dargelegt) Art 4 *als völkerrechtliche Vorgabe*, als eine *weniger weitreichende Verpflichtung* (als Art 6), sodass sich demgemäß aus dem Übereinkommen *kein gesetzliches Verbot ableiten läßt*, den angefochtenen Bescheid zu erlassen.[196]

4.1.1.6 Blick nach Deutschland

Seifert[197] analysiert ausführlich die Rechtsprechung in der Bundesrepublik Deutschland, in der Welterbestätten Verfahrensgegenstand waren bzw bei der das Übereinkommen in Entscheidungen berücksichtigt wurde. Er behandelt über fünfzehn Verfahren zu neun deutschen Welterbestätten. Dabei kommt er zum Schluss, dass eine interessante Wende in der Rechtsprechung deutscher Gerichte mit dem Dresdner-Brückenstreit zu erkennen ist. Vor diesem Rechtsstreit ließen einzelne Gerichte das Übereinkommen als völkerrechtlichen Vertrag in der Regel eher unberücksichtigt. Im Fall der Welterbestätte *Dessau-Wörlitzer Garten* sprach sogar das Verwaltungsgericht Dessau 2001/2002 dem Übereinkommen dem Inhalt nach jede Rechtswirkung ab.[198] Seit 2009/2010 ist jedoch eine *„generelle Abkehr von dieser nicht haltbaren Rechtsauffassung zu beobachten"*[199] und neuere Entscheidungen, wie beispielsweise die Entscheidung

---

195 Ibid., Rz 9.4.2.
196 Genaueres zu dieser Rechtsprechung siehe Kapitel 5.3.
197 *Seifert*, Das UNESCO-Übereinkommen und die Rechtsordnung der Bundesrepublik Deutschland 228–277.
198 *Ibid.*, 276, 229 f.
199 *Ibid.*, 276.

des Verwaltungsgerichts Gelsenkirchen zur Welterbestätte *Zeche Zollverein* und des Verwaltungsgerichts Meiningen zur Welterbestätte *Wartburg*, haben *„das Gebot zur völkerrechtsfreundlichen Auslegung vorbildhaft an[ge]wendet, indem sie im nationalen Recht verankerte Rechtsbegriffe im Lichte des Völkerrechts auslegen und damit das nationale Denkmalrecht für den Welterbeschutz handhabbar machen"*.[200] Der Brückenstreit in der Welterbestätte Dresdner-Elbtal, der bis zum Bundesverfassungsgericht ging, hat also bewirkt, dass das Übereinkommen in neuerer Rechtsprechung stärker berücksichtigt und nationales Recht im Lichte des Völkerrechts ausgelegt wird.

Im Zuge des Brückenstreits verfasste 2008 auch die Deutsche Bundesregierung ein Gutachten[201] betreffend der innerstaatlichen Bindungswirkung des Übereinkommens, wobei es darin vor allem um die (im Rechtstreit aufgetretenen) Fragen der Transformation bzw Inkorporation des Übereinkommens in deutsches Recht ging. Das Gutachten sollte nicht auf Fragen der Auslegung oder welchen Schutz die Konvention nach Konzeption und Wortlaut gegen Veränderungen bietet, eingehen. Trotzdem kam das Gutachten nicht herum, diese Frage zumindest anzuschneiden. Somit sind aus diesem Gutachten interessante Aspekte und Erkenntnisse in Bezug auf die Bestimmungen zum innerstaatlichen Schutz, speziell in Art 5, zu finden. Die Deutsche Bundesregierung stellte fest, dass die aus Art 5 erwachsenden *„Verpflichtungen"* im Lichte der völkergewohnheitsrechtlichen Regeln – wie in der WVK kodifiziert – auszulegen sind. Demnach handele es sich dem Wortlaut nach nicht um eine *„Erfüllungspflicht"*, sondern um eine Absichtserklärung bzw *„Bemühenspflicht"*.[202] Dies lege der Wortlaut des Art 5 nahe (… *wird sich jeder Vertragsstaat bemühen* …). Der Unterschied bestehe im Ermessensspielraum der Staaten, wobei die Erfüllung der Verpflichtung abhängig von den jeweiligen zur Verfügung stehenden Möglichkeiten und Gegebenheiten der Staaten sei. Die Frage, warum anstatt einer unbedingten *Erfüllungspflicht* in Art 5 eine *Bemühenspflicht* aufgenommen wurde, erschließt sich *„vor dem Hintergrund der unterschiedlichen finanziellen*

---

200 *Ibid.*, 276 f.
201 Gutachten der Bundesregierung betreffend die innerstaatliche Bindungswirkung des UNESCO-Übereinkommens zum Schutz des Natur- und Kulturerbes der Welt (2008). Das Gutachten wurde von der Deutschen Bundesregierung auf Bitte der Konferenz der Regierungschefs der Länder in Zusammenhang mit der nach den Beschlüssen des Bundesverfassungsgerichts vom 20. Mai 2007 und des Sächsischen Oberverwaltungsgerichts vom 9. März 2007 aufgetretenen Rechtsfrage zur innerstaatlichen Geltung der Welterbekonvention erstellt.
202 Gutachten der Bundesregierung betreffend die innerstaatliche Bindungswirkung 7 f.

Möglichkeiten der Staaten, aber auch der zum Teil unterschiedlichen Arten von Kultur- und Naturgütern und dem damit korrespondierenden Umfang notwendiger Erhaltungs- und Schutzmaßnahmen".[203] In diesem Rahmen sei – so das Gutachten weiter – der Staat verpflichtet, entsprechende Maßnahmen zu ergreifen, Gefahren zu bekämpfen und Beeinträchtigungen zu unterlassen:

> *„Die Erfüllung der Verpflichtung ist abhängig von den jeweiligen zur Verfügung stehenden Kräften, Möglichkeiten und Gegebenheiten eines Staates. In diesem Rahmen ist der Vertragsstaat verpflichtet, entsprechende Schutz- und Förderungsmaßnahmen zu ergreifen, die dem Kultur- und Naturerbe drohenden Gefahren zu bekämpfen sowie Beeinträchtigungen desselben zu unterlassen. "*[204]

Dh, auf Deutschland bezogen kann zusammenfassend gesagt werden, dass in der Rechtsprechung deutscher Gerichte seit 2009/2010 (Brückenstreit in der Welterbestätte Dresdner-Elbtal) eine Wende in der Rechtsprechung zu verzeichnen ist. Vor diesem Rechtstreit ließen einzelne Gerichte das Übereinkommen als völkerrechtlichen Vertrag in der Regel eher unberücksichtigt. In neueren Entscheidungen findet das Übereinkommen Berücksichtigung und wird nationales Recht im Lichte des Völkerrechts ausgelegt.[205]

In dem Gutachten[206] der Deutschen Bundesregierung aus 2008 betreffend der innerstaatlichen Bindungswirkung des Übereinkommens werden die Bestimmungen zum nationalen Schutz in den Art 4 und 5 grundsätzlich als *„Verpflichtungen"* ausgelegt, wobei aber die Verpflichtungen im *Ermessensspielraum der Staaten* selbst liegen. Damit sind aus Art 5 keine *„Erfüllungspflichten"* sondern (lediglich) *„Bemühenspflichten"* ableitbar.

4.1.1.7 Der Kommentar zum Übereinkommen

Im Kommentar behandelt *Carducci*[207] das Kapitel II des Übereinkommens, also die Art 4 bis 7. In Bezug auf Art 4 stellt *Carducci* zuerst einmal klar, dass das Kultur- und Naturerbe, Vertragsgegenstand des Übereinkommens, nicht durch die internationale Gemeinschaft oder die UNESCO geschützt wird, sondern die Hauptverantwortung bei den territorialen Vertragsstaaten selbst liegt.

---

203 Ibid., 8.
204 Ibid.
205 *Seifert*, Das UNESCO-Übereinkommen und die Rechtsordnung der Bundesrepublik Deutschland 276 f.
206 Gutachten der Bundesregierung betreffend die innerstaatliche Bindungswirkung 8.
207 *Carducci*, Articles 4–7. National and International Protection of the Cultural and Natural Heritage, in *Francioni* 103–145.

Diese Bestimmung sei demnach „*both traditional and realistic*": Kultur- und Naturerbestätten unterliegen der Souveränität des jeweiligen Staates, auf dessen Hoheitsgebiet sie liegen. Geschützt und erhalten werden sie durch die jeweiligen nationalen Gesetze.[208] Auch wenn die Erwartungen an die internationale Gemeinschaft und an die UNESCO groß sind, so war doch diese Bestimmung, dass Staaten die Hauptverantwortung tragen, „*considered, rightly so and with no exaggeration in our view, immediately after the adoption of the Convention as the main, leading, and relevant consideration for the purpose of its interpretation and application*".[209]

Auf die Verpflichtungsart im Art 4 (*nature of the duty*) geht *Carducci* in (nur) vier Sätzen ein.[210] Er führt aus, dass mit der Wortwahl – *Staaten werden alles in ihren Kräften Stehende tun und unter vollem Einsatz der ihnen zur Verfügung stehenden Mittel* – die verschiedenen Bedingungen reflektiert werden, die in den Ländern herrschen und die Verpflichtung damit relativ ist in Bezug auf die Leistungsfähigkeit der Staaten. Was auf nationaler Ebene nicht geleistet werden kann, soll mit internationaler Unterstützung erreicht werden. Auf die Natur oder den Grad der Verpflichtung geht *Carducci* nicht weiter ein. Dies ist bedauerlich und zugleich auch verwunderlich, da der Kommentar 2008 (erst, oder gerade deshalb) erschien, zu einer Zeit, als die erste Streichung einer Stätte von der Liste[211] erfolgt war und sich die Streitigkeiten rund um den Brückenbau im Dresdner Elbtal am Höhepunkt befanden. Eine der dringlichsten Fragen im Zusammenhang mit den Streichungen war, ob und welche Pflicht die Vertragsstaaten zum innerstaatlichen Schutz und Erhalt von Welterbestätten trifft.

Art 5 analysiert *Carducci* wiederum sowohl in Bezug auf den Umfang als auch auf die Art der Verpflichtung und betitelt seine Überschrift mit *scope* und *nature of the obligation*. Warum er hier, gerade beim unverbindlich formulierten Art 5, das Wort *obligation* verwendet, ist nicht ganz nachvollziehbar. *Carducci* führt auf jeden Fall aus, dass die Listung in Art 5 eine Auflistung der „*minimal basic actions and measures*" sein soll, die Vertragsstaaten sich bemühen sollen

---

208　*Ibid.*, 115.

209　*Ibid.*, 116.

210　Kapitel D zu Nature of the Duty besteht aus nur 4 Sätzen und füllt eine viertel Seite: *Ibid.*

211　Es handelte sich um die Welterbestätte Arabian Oryx Sanctuary im Oman, nachdem Ölreserven entdeckt wurden und das als Welterbe definierte Gebiet von der Regierung maßgeblich verkleinert wurde, http://whc.unesco.org/en/list/654 (abgefragt am 11.10.2018).

zu unternehmen.[212] Der Umfang erstreckt sich dem Wortlaut nach auf Schutz und Erhalt nach Bestand und Wertigkeit, kann jedoch *de facto* (durch Identifizierung als Teil von Schutz) als auch *de jure* (durch die Listung von rechtlichen, wissenschaftlichen, technischen, Verwaltungs- und Finanzmaßnahmen, die ua zur Erfassung und Rehabilitierung nötig sind) auf die Implementierungsphase ausgedehnt werden. Der Umfang ist damit sehr breit und reicht von einer Politik zu verfolgen, über Untersuchungen durchzuführen, bis zur Unterstützung der Errichtung von Trainingszentren.[213] Zur Art der Verpflichtung, die er wie gesagt unverständlicherweise mit *obligation* betitelt, meint *Carducci*, dass die *„three restrictive terms* (Anm: gemeint sind *sich bemühen, nach Möglichkeit* und im *Rahmen der Gegebenheiten) in the provision make the commitment rather modest and reflect sensitivity to cultural and/or social and/or economic variables"*,[214] also eher ‚bescheidene‘ Verpflichtungen sind.

Wie bereits in Kapitel 3.2 dargestellt, führt *Lenzerini*,[215] der im Kommentar die Unterschiede der authentischen Sprachfassungen behandelt und damit auch auf die Bedeutungsunterschiede der Begriffe *duty* und *obligation* eingeht, beide Begriffe einer Inhaltskonkretisierung zu. Er stellt Art 4 in Relation zu den anderen Bestimmungen in Abschnitt II und schließt daraus, dass das Bekenntnis in Art 4 nach Text und Wortlaut eher einer *duty* als einer *obligation* im strengen Sinn des Wortes entspräche.[216]

Dh, sowohl *Carducci* als auch *Lenzerini*, die im Kommentar Art 4 und 5 bzw die Bedeutungsunterschiede behandeln, kommen zum Schluss, dass nach Text, Wortlaut und Zweck die Bestimmung zum nationalen Schutz und Erhalt eher einer *duty* als einer *obligation* im strengen Sinn des Wortes entspricht. Auch wenn den Ausführungen im Kommentar im Grunde nicht zu widersprechen ist, lassen sie doch weitere Auslegungsquellen und -methoden unberührt, die aber einer Berücksichtigung iS einer umfassenden juristischen Analyse bedürfen würden.[217]

---

212 *Carducci*, Articles 4–7. National and International Protection of the Cultural and Natural Heritage, in *Francioni* 117.

213 *Ibid.*, 118.

214 *Ibid.*, 117.

215 *Lenzerini*, Articles 30–33 and 35–38. Final Clauses, in *Francioni* 345 ff.

216 *„[S]eem to indicate that the commitment provided for by Article 4 is to be intended more as a ‚duty‘ than as an ‚obligation‘ in its strict meaning"*, *Lenzerini*, Articles 30–33 and 35–38. Final Clauses, in *Francioni* 348.

217 Siehe Kapitel 4.1.1.9 und 4.3.

4.1.1.8 Die Fachliteratur

Die neuere Fachliteratur,[218] die sich insbesondere im Zuge des deutschen Rechtsstreits mit den rechtlichen Implikationen des Übereinkommens auf nationaler Ebene zu beschäftigen begann, kommt einheitlich[219] in ihren Analysen zum Schluss, dass es sich bei Art 4 (und 5) zum innerstaatlichen Schutz prinzipiell um eine *„echte rechtliche Verpflichtung",*[220] um *„echte Rechtspflichten",*[221] um eine *„allgemeine Verpflichtung"*[222] handelt. Indem die Bestimmungen jedoch keine Verpflichtung zum bedingungslosen Schutz mit zwingend zu erfüllenden

---

218 *Seifert,* Das UNESCO-Übereinkommen und die Rechtsordnung der Bundesrepublik Deutschland 64 ff; *Fastenrath,* Das UNESCO-Übereinkommen zum Schutz des Kultur- und Naturerbes der Welt und seine Wirkung im deutschen Recht, in Archiv des Völkerrechts (2016) 396 f; *Fastenrath,* Dresden. Der Schutz des Weltkulturerbes in Deutschland. Zur Innerstaatlichen Wirkung von völkerrechtlichen Verträgen ohne Vertragsgesetz (Verwaltungsabkommen iSd Art 59 Abs 2 Satz 2 GG), in DÖW (2006); *Pfeifle,* UNESCO-Weltkulturerbe: Vom globalen Völkerrecht zur lokalen Infrastrukturplanung, in Schriften zum Öffentlichen Immobilienrecht und Infrastrukturrecht (2010) 106 ff; *Wolf,* Weltkulturvölkerrecht und nationalstaatliche Umsetzung, in Natur und Recht (2008) 313; *Hönes,* Welterbekonvention und nationales Recht, in ICOMOS-Hefte des Deutschen Nationalkomitees (2013) 24; *Kilian,* Die Weltkulturerbeliste der UNESCO aus völkerrechtlicher und aus nationalstaatlicher Sicht, in *Fischer-Czermak/ Kletečka/Schauer/Zankl* (Hrsg.), FS Welser 65. Geburtstag (2004) 470 ff; *Odendahl,* Kulturgüterschutz: Entwicklung, Struktur und Dogmatik eines ebenenübergreifenden Normensystems (2005) 137; *Battini,* The procedural side of legal globalization: The case of the World Heritage Convention, in International Journal of Constitutional Law (2011); *Perthold-Stoitzner,* Das Übereinkommen zum Schutz des Kultur- und Naturerbes der Welt aus völkerrechtlicher und innerstaatlicher Sicht 115 f; Wieshaider, Zum Schutz des universellen Kultur- und Naturerbes in Österreich, in *Konrad* (Hrsg.), Rechtsprobleme im Kulturbetrieb (2015) 352; *Goodwin,* The consequences of Deleting World Heritage Sites, in King's Law Journal (2010) 287.

219 Lediglich *Kilian* in *Fischer-Czermak/Kletečka/Schauer/Zankl* 470 ff sieht in den Bestimmungen im Übereinkommen unter Verweis auf die fehlenden Sanktionsmöglichkeiten (reine) Selbstverpflichtungen. *Seifert* (FN 228) 64 merkt hierzu jedoch kritisch an, dass auch Selbstverpflichtungen Verpflichtungen seien.

220 *Seifert,* Das UNESCO-Übereinkommen und die Rechtsordnung der Bundesrepublik Deutschland 64.

221 *Fastenrath,* Das UNESCO-Übereinkommen zum Schutz des Kultur- und Naturerbes der Welt und seine Wirkung im deutschen Recht 397.

222 Ua *Wolf,* Weltkulturvölkerrecht und nationalstaatliche Umsetzung 313; im Ergebnis ebenso *Perthold-Stoitzner,* Das Übereinkommen aus völkerrechtlicher und innerstaatlicher Sicht 115 f.

Maßnahmen vorsehen, sondern diese von den Möglichkeiten und Gegebenheiten des jeweiligen Landes abhängig machen (Art 5), werden diese iS des Gutachtens der Deutschen Bundesregierung mehrheitlich als „Bemühenspflichten"[223] (im Vergleich zu *Erfüllungspflichten*) qualifiziert. Diese *Bemühenspflichten* sind – in den Worten *Fastenraths* – *„echte Rechtspflichten, die vom Erfolgswillen getragen sein müssen und im Fall der WEK* [Anm: Welterbekonvention] *die Anspannung aller Kräfte verlangen"*.[224]

4.1.1.9 Zusammenfassung, Fazit und Zwischenergebnis

Anhand des Vertragstextes ist eine eindeutige Feststellung der Verpflichtungsart aufgrund der Auslegungsbedürftigkeit der Bestimmungen per se, als auch aufgrund der Verschiedenheit der verwendeten Begriffe in den Sprachfassungen – *„duty"* im Englischen, *„obligation"* im Französischen (und *„Aufgabe"* in der deutschen Übersetzung) – nicht möglich.

In den Operativen Richtlinien,[225] die zur einheitlichen und praktischen Umsetzung des Übereinkommens von den Vertragsstaaten entworfen wurden und von ihnen regelmäßig überarbeitet werden, widmet sich Para 15 der nationalen Ebene. Dort findet weder der Begriff *„duty"* noch *„obligation"* Anwendung, sondern der Begriff *„responsibility"*, die die Vertragsstaaten aufgrund ihrer Souveränität besitzen. Die *Verantwortung* wird durch die Listung von 14 konkreten Maßnahmen (Para 15 lit a–n) gegenständlich. Einerseits wird also mit der Maßnahmenlistung konkretes Handeln iS einer *Verpflichtung/Pflicht* gefordert, andererseits macht Para 15 auch klar, dass die Entscheidung ausschließlich bei den Vertragsstaaten selbst liegt und damit eher iS einer *Aufgabe/Verantwortung* zu verstehen ist. Die Operativen Richtlinien lassen damit auch keine eindeutige Zuordnung der Bestimmungen iS einer *obligation* oder iS einer *duty* zu.

---

223 Geprägt hat diesen Ausdruck das Gutachten der Bundesregierung betreffend die innerstaatliche Bindungswirkung des UNESCO-Übereinkommens zum Schutz des Natur-und Kulturerbes der Welt 8; speziell *Seifert, Fastenrath* und *Hönes* verwenden diesen Begriff: *Seifert*, Das UNESCO-Übereinkommen und die Rechtsordnung der Bundesrepublik Deutschland 65; *Fastenrath*, Das UNESCO-Übereinkommen und seine Wirkung im deutschen Recht 397; *Hönes*, Welterbekonvention und nationales Recht 24.

224 *Fastenrath*, Das UNESCO-Übereinkommen und seine Wirkung im deutschen Recht 397.

225 IdF WHC.17/01 12 July 2017.

Die *travaux préparatoires* ihrerseits lassen einsehen, dass der nationale Schutz als Grundvoraussetzung jeglichen Schutzes von besonders bedeutenden Kultur- und Naturerbestätten anerkannt wurde, aber dass dieser aufgrund der herrschenden völkerrechtlichen Ordnung nicht verbindlich normiert werden konnte und sollte. Staaten wählten demgemäß bewusst verschiedene Arten und Formen völkerrechtlicher Dokumente: ein (verbindliches) Übereinkommen für die internationale Zusammenarbeit[226] und eine (unverbindliche) Empfehlung für den nationalen Schutz.[227] Trotz dieser inhaltlichen Aufteilung befanden aber auch die Staaten, dass im (verbindlichen) Übereinkommen der nationale Schutz normiert werden sollte. Eine Mehrheit sprach sich weiter für eine Listung von konkreten Maßnahmen aus. Zu Beginn war zwar noch von einer *formal obligation* des nationalen Schutzes die Rede, aber die folgenden zwischenstaatlichen Verhandlungen führten dazu, dass keine zwingende Verpflichtung (sondern eher eine *duty*) festgeschrieben wurde.[228]

In der ständigen und übereinstimmenden Anwendungspraxis, die vor allem in den Entscheidungen, den *Decisions,* des Welterbekomitees zu einzelnen Welterbestätten ersichtlich wird, steht hingegen der nationale Schutz iS einer *obligation* im Mittelpunkt. Das Welterbekomitee mahnt regelmäßig in seinen Beschlüssen nationale Schutz- und Erhaltungsmaßnahmen ein, fordert Staaten zur Handlung auf und gibt konkrete Empfehlungen. Aus formeller Sicht können diese Beschlüsse zwar keine rechtliche Bindung herbeiführen und auch aus materieller Sicht hört die Bindungswirkung dort auf, wo die dem Komitee übertragenen Kompetenzen enden. Trotzdem besitzen sie Autorität und können erheblichen Druck auf die Vertragsstaaten ausüben. Nach der ständigen Vertragspraxis entsprächen die Bestimmungen in Art 4 und 5 demnach eher einer *(obligatorischen) Verpflichtung*, die eingefordert wird.

In Österreich wurde den Bestimmungen zum nationalen Schutz bisher mäßig normative Wirkung zugerechnet. Der Gesetzgeber ist zwar

---

226 Convention Concerning the Protection of the World Cultural and Natural Heritage, Adopted by the General Conference at its seventeenth session, Paris, 16 November 1972.

227 Recommendation concerning the Protection, at National Level, of the Cultural and Natural Heritage, Adopted by the General Conference at its seventeenth session, Paris, 21 November 1972.

228 UNESCO Doc. 84 EX/14 Annex Preliminary Study; UNESCO Doc. SHC/MD/4; UNESCO Doc. SHC/MD/17; UNESCO Doc. SHC.72/CONF.37/19; UNESCO Doc. SHC/MD/18; im Detail dazu Kapitel 4.1.1.3.

grundsätzlich von einer innerstaatlichen *Schutz- und Erhaltungspflicht* ausgegangen, wobei aber das Ausmaß durch sein Definitionsrecht selber bestimmbar ist. Daher sei die *Verpflichtung* (lediglich) auch iS einer *grundsätzlichen
politischen Ausrichtung* zu verstehen, so die Regierungsvorlage, was Art 5, der
den Charakter einer Empfehlung hat, unterstreicht.[229] Der nationale Schutz
und Erhalt wird demnach eher iS einer *duty* interpretiert, also als *Pflicht* bzw
als *Aufgabe*.

Bisher gibt es eine höchstgerichtliche Entscheidung, die im Grunde noch
einen Schritt weiter geht und den Bestimmungen zur innerstaatlichen Schutz-
und Erhaltungspflicht unmittelbare normative Wirkung abspricht: In dem
Verfahren 2011/03/0160 (und 2015/03/0058) bezeichnet der VwGH Art 4 *als
völkerrechtliche Vorgabe*, als eine *weniger weitreichende Verpflichtung* als in Art 6,
sodass sich aus dem Übereinkommen *kein gesetzliches Verbot ableiten läßt*, den
angefochtenen Bescheid zu erlassen.[230]

Hierzu sei angemerkt, dass der unterschiedliche Wortlaut in Art 4 und Art 6
nach dem völkerrechtlichen Prinzip nachvollziehbar ist: Art 4, in dem es um
eine nationale Verpflichtung geht, ist und kann in einem internationalen Übereinkommen auch nur iS der Souveränität schwächer formuliert sein als Art 6, in
dem es um eine internationale Verpflichtung gegenüber anderen Staaten geht.
Auf Grundlage dieser Formulierung ieS sollte daher nicht der abschließende
Schluss gezogen werden, dass das Übereinkommen keinerlei normative Wirkung in Bezug auf die innerstaatliche Schutz- und Erhaltungspflicht besitzt.
Der Umkehrschluss würde nämlich besagen, dass jeder Vertragsstaat Stätten
nominieren darf, diese aber dann nicht schützen oder erhalten braucht. Dies
würde dem Ziel und Zweck des Übereinkommens widersprechen und das
Übereinkommen per se ad absurdum führen. Der völkerrechtliche Charakter
des Übereinkommens, die Bedeutung der Bestimmungen in ihrem Gesamt-
zusammenhang, die vorbereitenden Arbeiten, die Vertragsanwendung und der
Sinn und Zweck des Übereinkommens lassen vielmehr zum Schluss kommen,
dass Vertragsstaaten sehr wohl eine grundsätzliche innerstaatliche Schutz- und
Erhaltungspflicht trifft. Diese ist jedoch von den Staaten nach Möglichkeiten und Gegebenheiten sowie iS von Ermessen auszugestalten. Dies bedeutet
jedoch nicht, dass die Bestimmungen deshalb minder verpflichtend sind. Von

---

229 ErläutRV 644 BlgNR XVIII. GP.
230 VwGH 19.12.2013, 2011/03/0160, 0162, 0164, 0165 Rz 9.4.1.

Bedeutung bei den Verfahren[231] zum „*Semmering-Basistunnel neu*" war auch, dass (zusammengefasst) die beschwerdeführende NGO eine Gefährdung insb der umgebenden Kulturlandschaft vorbrachte. Mit Schreiben der UNESCO wurde jedoch bestätigt, dass die umgebende Landschaft nicht Teil der Kernzone der Welterbestätte „*Semmeringseisenbahn*" ist.[232] Zwar im Verfahren nicht explizit angeführt, aber von Belang hätte auch sein müssen, dass die Gefährdung von der Umwelt-NGO behauptet und begründet wurde, nicht jedoch vom Welterbekomitee, das gemäß Übereinkommen das kompetenzrechtliche Organ ist, festgestellt wurde.

Ob das Gericht im Falle einer vom Welterbekomitee festgestellten Gefährdung und vielleicht sogar mit der Folge der Setzung der Stätte auf die Liste des gefährdeten Erbes der Welt, anders entscheiden würde, kann zwar nur vermutet werden, scheint jedoch nicht abwegig. Eine vom Welterbekomitee festgestellte und vom Vertragsstaat verursachte Gefährdung aufgrund von Untätigkeit bzw aktiven Handeln, ließe eine andere Gewichtung zu: Die Behörde hätte dementsprechend *nicht alles in ihren Kräften Stehende getan* und *ihre eigenen Hilfsmittel nicht voll eingesetzt*, oder gar aktiv gegen das in Gesetzesrang stehende Übereinkommen gehandelt. Sie hat sich also nicht (einmal) „*bemüht*" der eingegangenen Verpflichtung zu Schutz und Erhalt nachzukommen und hat damit rechtswidrig gehandelt.

In Deutschland ist eine Wende in der Rechtsprechung deutscher Gerichte seit 2009/2010 (Streit um den Bau der Waldschlößchenbrücke in der Welterbestätte Dresdner-Elbtal) beobachtet worden: Davor ließen einzelne Gerichte das Übereinkommen als völkerrechtlichen Vertrag in der Regel eher unberücksichtigt, bzw sprachen ihm sogar Rechtswirkung ab. In neueren Entscheidungen findet das Übereinkommen vermehrt Berücksichtigung und wird nationales Recht im Lichte des Völkerrechts ausgelegt.[233] In dem Gutachten der Deutschen Bundesregierung betreffend der innerstaatlichen Bindungswirkung des Übereinkommens,[234] das 2008 im Zuge des Brückenstreits erstellt wurde, werden die Bestimmungen zum nationalen Schutz in den Art 4 und 5 grundsätzlich als „*Verpflichtungen*" ausgelegt, wobei aber die Verpflichtungen im *Ermessensspielraum*

---

231 BVwG 21.5.2015 Zlen W102 2009977-1/36E, W102 2012860-1/18E, W102 2010629-1/14E, W102 2012548-1/15E, W102 2010608-1/16E, W102 2009137-1/16E, W102 2015000-1/11E und VwGH 17.11.2015, 2015/03/0058, 11.

232 BVwG 21.5.2015, W102 2015000-1/11E Rz 6.5.13.

233 *Seifert*, Das UNESCO-Übereinkommen und die Rechtsordnung der Bundesrepublik Deutschland 228–276.

234 Gutachten der Bundesregierung betreffend die innerstaatliche Bindungswirkung 8.

der Staaten selbst liegen. Damit sind aus Art 5 keine *„Erfüllungspflichten"* sondern (lediglich) *„Bemühenspflichten"* ableitbar.

Carducci und *Lenzerini*,[235] die im Kommentar die Art 4 und 5 behandeln bzw auf die Bedeutungsunterschiede eingehen, kommen nach allgemeiner Analyse zum Schluss, dass nach Text, Wortlaut und Zweck die Bestimmungen zum nationalen Schutz eher einer *duty* als einer *obligation* im strengen Sinn des Wortes entsprechen. Diese Schlussfolgerung sei speziell aus den anderen Bestimmungen im Abschnitt II (also aus den Art 5 und 6) ableitbar. Auch wenn den Ausführungen im Kommentar im Grunde nicht zu widersprechen ist, lassen sie doch weitere Auslegungsquellen und -methoden unberührt, die aber einer Berücksichtigung iS einer umfassenden juristischen Analyse bedürfen würden. Um die systematische Interpretation beispielsweise weiter auszuführen, kann angemerkt werden, dass die Bestimmungen zum nationalen und internationalen Schutz mit Abschnitt II gleich nach den Begriffsdefinitionen an zweiter Stelle stehen. Dies deutet auf die Wichtigkeit dieser Bestimmungen hin. Dass noch dazu der nationale Schutz mit Art 4 und 5 vor den Bestimmungen zum internationalen Schutz mit Art 6 (und 7) steht, mag auch ein Hinweis sein, dass der innerstaatliche Schutz die Voraussetzung, das Grundrecht, aber auch die Grundpflicht bildet. In Relation zu der Gesamtanzahl der Artikel, in Summe 38, merkt man jedoch auch, dass der nationale Schutz mit lediglich zwei Artikeln nicht den Schwerpunkt dieses Übereinkommens bilden sollte. Diese Feststellungen bekräftigen die erlangten Erkenntnisse aus den *travaux préparatoires*, nämlich dass der innerstaatliche Schutz von essenzieller Bedeutung und Grundpfeiler jeglicher Schutzbestimmung ist, dieser aber im (verbindlichen) Welterbe-Übereinkommen nur Ziel und Zweck bedingt (mit-) normiert wurden.

Die neuere Fachliteratur,[236] die sich insbesondere im Zuge des deutschen Rechtsstreits mit den rechtlichen Implikationen des Übereinkommens beschäftigt, kommt grundsätzlich in ihren Analysen zum Schluss, dass es sich bei Art 4 (und 5) zum innerstaatlichen Schutz prinzipiell um eine *„echte rechtliche Verpflichtung"*[237] handelt. Nachdem die Bestimmungen jedoch keine Verpflichtung zum bedingungslosen Schutz mit zwingend zu erfüllenden Maßnahmen

---

235 *Carducci*, Articles 4–7. National and International Protection of the Cultural and Natural Heritage und *Lenzerini*, Articles 30–33 and 35–38. Final Clauses, beide in *Francioni*, A Commentary.

236 Kapitel 4.1.1.8. FN 218.

237 *Seifert*, Das UNESCO-Übereinkommen und die Rechtsordnung der Bundesrepublik Deutschland 64.

vorsehen (Art 5), werden diese iS des Gutachtens der Deutschen Bundesregierung mehrheitlich als „*Bemühenspflichten*" qualifiziert.[238]

Die eingehende Analyse und die Berücksichtigung aller Quellen führen damit zur Schlussfolgerung, dass Vertragsstaaten gemäß Art 4 eine *allgemeine* Schutz- und Erhaltungspflicht für (Welterbe-)Stätten auf ihrem Hoheitsgebiet trifft. Hierfür sprechen insb

- der Wortlaut in Art 4, wonach Vertragsstaaten ihre *duty* anerkennen und *alles in ihren Kräften Stehende tun* werden;
- die konkrete Maßnahmenlistung in den Operativen Richtlinien (Para 15);
- die Anwendungspraxis bzw das Welterbekomitee, das Art 4 und 5 iS einer *obligation* anwendet und Vertragsstaaten zum innerstaatlichen Schutz auffordert;
- die *travaux préparatoires*, aus denen ersichtlich wird, dass auch wenn keine rechtlich zwingende Verpflichtung zum nationalen Schutz mit dem Überreinkommen festgeschrieben werden sollte (und konnte), der nationale Schutzgedanke essenziell war, da er die Grundvoraussetzung für jeglichen Schutz und Erhalt darstellt (Präambel).

Die *konkrete* Ausgestaltung der Verpflichtung ist jedoch von jedem Staat selbst zu definieren, je *nach seinen Gegebenheiten und Möglichkeiten*. Die Bestimmungen zum nationalen Schutz sind daher als *Bemühenspflichten* konzipiert. Dies legen vor allem nahe

- die bestehende völkerrechtliche Ordnung und die Konzeption des Übereinkommens, mit der kein Treuhandsystem geschaffen wurde;
- der Wortlaut in Art 5 (*bemühen, nach seinen Gegebenheiten und Möglichkeiten*);
- die ausdrückliche Betonung der Souveränität der Staaten im Übereinkommen (Art 6) als auch in den Operativen Richtlinien (Para 15);
- die Auslegung des Übereinkommens in Österreich und die begrenzte unmittelbare Rechtswirksamkeit der Bestimmungen in der Rechtsprechung.

Zusammenfassend kann somit der Schluss gezogen werden, dass Art 4 eine *allgemeine Verpflichtung* zum Schutz und Erhalt der „eigenen Welterbestätten" normiert.

---

238 *Ibid.*, 64 f; *Fastenrath*, Das UNESCO-Übereinkommen zum Schutz des Kultur- und Naturerbes der Welt und seine Wirkung im deutschen Recht 397; *Hönes,* Welterbekonvention und nationales Recht 24; *Wolf,* Weltkulturvölkerrecht und nationalstaatliche Umsetzung 313; im Ergebnis ebenso *Perthold-Stoitzner*, Das Übereinkommen aus völkerrechtlicher und innerstaatlicher Sicht 115 f.

Wie Staaten dies jedoch genau tun, hängt von den nationalen Möglichkeiten und Gegebenheiten ab. Die in Art 5 gelisteten Maßnahmen, wie *rechtliche, wissenschaftliche, technische, Verwaltungs- und Finanzmaßnahmen zu treffen*, sind daher mit der Formulierung im Übereinkommen als *Bemühenspflichten* einzustufen. Die Bestimmungen zum innerstaatlichen Schutz und Erhalt (Art 4 und 5) könnten idS somit auch als *soft obligations* oder als *strong duty* bezeichnet werden. Diese Schlussfolgerungen reihen sich damit im Grunde in jene Erkenntnisse im Kommentar sowie in der (neueren) Fachliteratur ein, die zum gleichen Ergebnis kommen.

4.1.2 Verpflichtungsgrad

Nachdem also festgestellt wurde, dass es sich bei Art 4 und 5 um eine *allgemeine Verpflichtung* handelt, bzw um *Bemühenspflichten*, stellt sich nun die Frage, welche Anforderungen an die *Bemühungen* geknüpft werden, also welchen Grad bzw Tiefe die Verpflichtung hat.[239]

Hierzu ist sich die Fachliteratur nicht ganz einig. Einige Autoren stellen geringe Anforderungen fest und sehen sie als eine Art „*Frustrationsverbot*", iS von Unterlassung von Maßnahmen, die Ziel und Zweck des Vertrages zuwiderlaufen wie zB ein Zerstörungsverbot. So qualifiziert beispielsweise *Kilian*[240] die Rechtswirkung der Bestimmungen zum nationalen Schutz insb aufgrund des Wortlautes in Art 5 (nach *Möglichkeiten und Gegebenheiten des jeweiligen Landes*) und der mangelnden rechtlichen Sanktionsmechanismen als gering und bezeichnet das Übereinkommen gar als *lex imperfecta*. Andere Autoren wiederum gehen von einem „*Optimierungsgebot*" aus, iS von positiven Maßnahmen zu ergreifen, die Ziel und Zweck des Vertrages fördern wie zB bei Abwägungsentscheidungen das Welterbe möglichst zu bevorzugen. *Pfeifle*[241] oder auch *Wieshaider*[242] sehen im Wortlaut des Art 4 (*alles in den Kräften Stehende zu tun*

---

239 Um eine Differenzierung im Grad und in der Tiefe vornehmen zu können, soll – in Anlehnung an *Seifert* – zwischen einem *Frustrationsverbot* (iS von Unterlassung von Maßnahmen, die Ziel und Zweck des Vertrages zuwiderlaufen wie zB ein Zerstörungsverbot) und einem *Optimierungsgebot* (iS positive Maßnahmen vorzunehmen, die Ziel und Zweck des Vertrages fördern wie zB bei Abwägungsentscheidungen das Welterbe möglichst zu bevorzugen) unterschieden werden: *Seifert*, Das UNESCO-Übereinkommen und die Rechtsordnung der Bundesrepublik Deutschland 67 f.

240 *Kilian*, Die Weltkulturerbeliste der UNESCO aus völkerrechtlicher und aus nationalstaatlicher Sicht 471.

241 *Pfeifle*, UNESCO-Weltkulturerbe: vom globalen Völkerrecht zur lokalen Infrastrukturplanung 112 f.

242 *Wieshaider*, Zum Schutz des universellen Kultur- und Naturerbes in Österreich 351 f.

und *unter vollem Einsatz der eigenen Mittel*) eine starke Bindungswirkung, die demnach „*als Optimierungsgebot zu verstehen*" ist und „*damit über bloße Berück-sichtigung*" hinausgeht.[243]

Seifert[244] wiegt die Formulierungen in Art 4 und 5 ab und schließt, dass aufgrund des Wortlautes die Verpflichtung in Art 4 weitreichend gemeint ist, die erst durch Art 5 abgeschwächt wird, nämlich dadurch, dass Vertragsstaaten sich lediglich *bemühen, – nach Möglichkeit und im Rahmen ihrer Gegebenheiten –* die Maßnahmen zum Schutz und Erhalt zu ergreifen. *Seifert* zieht dann noch Art 6 – wonach Staaten „*sich verpflichten*" – in Wortlaut und systematischer Hinsicht in Betracht und meint, dass „*die Verpflichtung* [Anm: von Art 4 und 5] *zumindest auf rechtlicher Ebene nicht so weit gemeint sein kann*".[245] Speziell dadurch, dass die Aufforderung *rechtliche Maßnahmen* zu ergreifen ausschließlich in der Bemühensbestimmung in Art 5 vorkommt (und nicht bereits in Art 4), lässt sich aus dem Übereinkommen kein *Optimierungsgebot* ableiten idS, dass bei Abwägungsentscheidungen das Welt-erbe zu bevorzugen ist. Ebenso wenig aber ist ein reines „*Frustrationsverbot*" ableit-bar, sollen Sinn und Zweck des Übereinkommens nicht ausgehöhlt werden. Daher schließt *Seifert*, dass die Schutzverpflichtungen für die nationale Ebene zwar „*nur die Einführung rechtlicher Mindeststandards für den Schutz des Erbes verlangen*", dass sie „*allerdings in nicht abschließend geregelten Fällen ein qualifiziertes Bemühen aller staatlichen Stellen für den Erhalt des Welterbes fordern, welches nur in besonders begründeten Ausnahmefällen zuungunsten des Welterbes ausfallen darf*".[246]

Seifert führt damit schlüssig aus, dass speziell nach Wortlaut, Systematik und Norminhalt die Bestimmungen in Art 4 und 5 zwar nicht so weitreichend schei-nen, als dass ein *Optimierungsgebot* ableitbar ist. Ein reines *Frustrationsverbot* anzunehmen, wäre jedoch auch zu kurz gegriffen. Sollten die Bemühungen zu Schutz und Erhalt nicht ins Leere laufen, was Sinn und Zweck des Übereinkom-mens ist, muss das Welterbe auch auf rechtlicher Ebene möglichst berücksichtigt werden. Damit kann den Schlussfolgerungen von *Seifert* gefolgt werden, dass die Schutzverpflichtungen in Art 4 und 5 *in ihren praktischen Auswirkungen weitrei-chend sind und Optimierungsgeboten zumindest sehr nahe kommen*.[247]

Worauf beziehen sich nun die *(Bemühens-)Pflichten*? Welche Schutzmaßnah-men sind gemeint und was ist der Schutzgegenstand?

---

243 *Ibid.*, 352.
244 *Seifert*, Das UNESCO-Übereinkommen und die Rechtsordnung der Bundesrepublik Deutschland 64 ff.
245 *Ibid.*, 65.
246 *Ibid.*, 70.
247 *Ibid.*

4.1.3 Schutzgegenstand

Anhaltspunkt für den Schutzgegenstand sind die Begrifflichkeiten im Überein-kommen. Art 1 und 2 definieren, was unter Kultur- und Naturerbe iS des Über-einkommens zu verstehen ist. Demnach werden als *„Kulturerbe"* (1) Denkmäler, wie beispielsweise Werke der Architektur; (2) Ensembles, also Gruppen oder ein-zeln miteinander verbundene Gebäude; und (3) Stätten, wie Kulturlandschaften oder archäologische Ausgrabungen, die aus geschichtlichen, künstlerischen oder wissenschaftlichen Gründen von außergewöhnlichem universellem Wert sind, erfasst. Als *„Naturerbe"* gelten (4) ästhetische oder wissenschaftlich bedeutende Naturgebilde; (5) geologische oder physiographische Erscheinungsformen und Lebensräume bedrohter Tier- und Pflanzenarten; sowie (6) Naturgebiete, die aus wissenschaftlichen Gründen oder ihrer Erhaltung oder natürlichen Schönheit wegen von außergewöhnlichem universellem Wert sind.

Die Definitionen sind demgemäß sehr weit gefasst; entscheidend ist immer der *außergewöhnliche universelle Wert*. Was jedoch unter *„außergewöhnlichem universellem Wert"* zu verstehen ist, wird im Übereinkommen nicht näher defi-niert. Erst die Operativen Richtlinien zum Übereinkommen liefern eine Defini-tion,[248] die jedoch sehr allgemein gehalten und weit gefasst ist. Aussagekräftiger ist Para 77, in dem zehn Kriterien für die Beurteilung des *außergewöhnlichen universellen Wertes* festgelegt sind. Um in die Welterbeliste aufgenommen zu werden, muss eine Stätte mindestens einem dieser zehn Kriterien entspre-chen. Darüber hinaus müssen Stätten die Bedingungen der *Integrität* und/oder *Authentizität* erfüllen, einen ausreichenden (nationalen) Schutz vorweisen und ein Managementsystem etabliert haben (Para 78 und 79–118).

Das Welterbekomitee formuliert bei der Aufnahme (auf Vorschlag des betref-fenden Staates) die sogenannte *justification of inscription*, also die *Begründung der Eintragung*. Darin enthalten sind eine Kurzbeschreibung der Stätte, die Listung des *außergewöhnlichen universellen Wertes* anhand der zehn Kriterien, die Beschreibung der *Integrität* und/oder *Authentizität* und die Darstellung des (bestehenden) Schutzes und des vorgesehenen Managements. Der Schutzgegen-stand der jeweiligen Welterbestätte konkretisiert sich somit mit der *Begründung*, insbesondere mit der Formulierung des *außergewöhnlichen universellen Wertes*.

---

248 *„Outstanding Universal Value means cultural and/or natural significance which is so exceptional as to transcend national boundaries and to be of common importance for present and future generations of all humanity"*, Para 49 Operational Guidelines idF 2017.

Dieser ist dann sowohl für das Management der Welterbestätte, aber auch bei Streitfällen von entscheidender Relevanz.

Für die *„Kulturlandschaft Wachau"* lautet beispielsweise der *außergewöhnliche universelle Wert* in der *Begründung* folgendermaßen:

> *„Criterion (ii): The Wachau is an outstanding example of a riverine landscape bordered by mountains in which material evidence of its long historical evolution has survived to a remarkable degree.*
>
> *Criterion (iv): The architecture, the human settlements, and the agricultural use of the land in the Wachau vividly illustrate a basically medieval landscape which has evolved organically and harmoniously over time".* [249]

Darüber hinaus wird die *Integrität* und *Authentizität* beschrieben.[250]

Wie man am Beispiel Wachau sehen kann, geht die *Begründung* nicht ins Detail. Um den konkreten Schutzgegenstand ermitteln zu können, muss daher auch das Einreichdossier herangezogen werden, bzw sollte der Staat diesen nochmals näher präzisieren und definieren, zB im Managementplan. Anders ausgedrückt: Das Welterbekomitee beschreibt (allgemein) was der *außergewöhnliche universelle Wert* der Welterbestätte ist. Welche Elemente und Eigenschaften diesen *außergewöhnlichen universellen Wert* ausmachen, ergibt sich aus dem jeweiligen Einreichdossier und sollte jeder Staat nochmals (zB im Managementplan) präzisieren.

Die Frage, ob der Schutzgegenstand (alle) *„in den Art 1 und 2 bezeichneten Kultur- und Naturerbestätten"* oder (nur) *„des in Artikel 11 Absätze 2 und 4* (Anm: Welterbeliste(n)) *bezeichneten Kultur- und Naturerbes"* umfasst, fand bisher in der Anwendungspraxis und Fachliteratur wenig Beachtung. Diese Frage ist jedoch nicht unwichtig, da es auch die Verpflichtung der Vertragsstaaten betrifft: Entstehen den Vertragsstaaten (nationale und internationale) Verpflichtung gegenüber allen Stätten von außergewöhnlichem universellem Wert oder nur gegenüber Welterbestätten?

Analysiert man die einzelnen Artikel im Übereinkommen, kann man nicht anders als zum Schluss zu kommen, dass sich fast alle Bestimmungen in den Artikeln auf die *„in den Art 1 und 2 bezeichneten Kultur- und Naturerbestätten"* beziehen, also auf alle Stätten von außergewöhnlichem universellem Wert (und nicht nur auf in die Welterbeliste eingetragene Stätten). Lediglich in Art 6 Abs 2

---

249 UNESCO Doc Decision: CONF 204 X.C.1, The Wachau Cultural Landscape (Austria).
250 Sowie eine Kurzbeschreibung und eine Ausführung zu Schutz und Management, Description Wachau Cultural Landscape, http://whc.unesco.org/en/list/970 (abgefragt am 14.11.2018).

verpflichten sich die Staaten für (nur) gelistete Stätten Hilfe zu leisten, wobei auch dies in Art 13 wieder relativiert wird, da internationale Unterstützung für Listengüter und auch für Stätten, die *für eine Aufnahme geeignet* sind (Art 13 Abs 1), erfolgen kann. Man kann somit sagen, dass der Schutzgegenstand des Übereinkommens sämtliches Kultur- und Naturerbe umfasst, wie in Art 1 und 2 definiert.[251] In diesem Sinne schreibt auch *Lenzerini*[252] im Kommentar:

> *„States Parties have the duty [...] of ensuring the identification, protection, conservation, presentation and transmission to future generations' of all items of cultural and natural heritage of outstanding universal value located in their own territory [...], irrespective of the fact that such items are included or not in any of the two lists contemplated by Article 11."*

Wie jedoch die Vertragspraxis in Folge gezeigt hat, sind die Bestimmungen praktisch schwer umsetzbar, denn die Grundvoraussetzung für den Schutz iS des Überreinkommens ist nicht die Aufnahme in die Liste(n), sondern der *außergewöhnliche universelle Wert*. Der *außergewöhnliche universelle Wert* ist jedoch im Übereinkommen nicht definiert und auch die Operativen Richtlinien bleiben vage. Darüber hinaus erfassen, bestimmen und definieren die Vertragsstaaten gemäß Art 3 Stätten von außergewöhnlichem universellem Wert auf ihrem Hoheitsgebiet. Das Welterbekomitee hat bei Nominierungen nur die Aufgabe diesen Wert objektiv zu verifizieren. Der außergewöhnliche universelle Wert ist damit eine Voraussetzung für die Aufnahme, aber kein Resultat der Aufnahme. Gleichzeitig ist der Wert, solange eine Stätte nicht in die Welterbeliste eingetragen ist, nur angenommen, da nicht bestätigt.[253]

Ein weitgefasster und weit anzuwendender Schutzgegenstand stellt somit einen Widerspruch dar und führt dazu, dass diese Bestimmungen in der Vertragspraxis gar nicht vollständig umgesetzt werden können und damit wirkungslos bleiben.[254] So schließt auch *Lenzerini*:[255]

---

251 *Seifert* beschäftigt sich ausführlich mit dem Vertragsgegenstand und analysiert hierfür die einzelnen Artikel im Detail: *Seifert*, Das UNESCO-Übereinkommen und die Rechtsordnung der Bundesrepublik Deutschland 78–87.

252 *Lenzerini*, Article 12. Protection of Properties Not Inscribed on the World Heritage List, in *Francioni* 205.

253 *Ibid.*, 206 f.

254 *Ibid.*, 207 f.

255 *Ibid.*, 218.

„[T]he Convention is concretely and effectively implemented only with regard to the pro-
perties inscribed in the World Heritage List and/or in the List of World Heritage in Danger,
and effective protection is granted almost exclusively to such properties."

Diese Rechtsmeinung vertritt auch der österreichische Gesetzgeber.[256] In den
Erläuterungen der Regierungsvorlage ist Folgendes zu lesen:

„Die Verpflichtungen der Vertragsstaaten zur Bewahrung des Kultur- und Naturerbes
im Inland sowie die Verpflichtung, alle vorsätzlichen Maßnahmen zu unterlassen, die im
Hoheitsgebiet anderer Vertragsstaaten befindliche Güter des Kultur- und Naturerbes mit-
telbar oder unmittelbar schädigen könnten, beziehen sich ausschließlich auf solche Güter,
die gemäß Artikel 11 in die „Liste des Erbes der Welt" aufgenommen wurden. Lediglich die
Verpflichtung zur Auswahl (Identifizierung) im Sinne des Artikels 4 geht logischerweise
darüber hinaus, da diese ja letztlich erst zur Aufnahme in die Liste führen soll."[257]

Speziell in Bezug auf Art 6 Abs 3, wo es um den Schutz von Stätten im Hoheitsgebiet anderer Staaten geht, ist der österreichische Gesetzgeber der Ansicht, dass
nur gelisteten (und nicht allen) Stätten völkerrechtlicher Schutz zukomme. Laut
der Regierungsvorlage seien zwar im Vertragstext alle *„in den Artikeln 1 und 2*
bezeichneten" Stätten erfasst, aber dieser weitgefasste Schutzgegenstand sei nicht
beabsichtigt gewesen und auf einen Redaktionsfehler während der Endredi-
gierung des Übereinkommens zurückzuführen. Erklärt wird es damit, dass ein
Schutz aller Stätten, die Vertragsstaaten als ihr nationales Kultur- und Naturerbe
bezeichnen,

„zu unangenehmen Ergebnissen führen [würde], so etwa wenn ein Staat einen strate-
gisch wichtigen Abschnitt seinen Hoheitsgebietes als Teil seines Naturerbes deklariert, um
dadurch auf der Grundlage des Übereinkommens den Schutz vor militärischen Angriffen
zu erwirken."[258]

Nachdem die Beschränkung des Schutzgegenstandes auf Welterbestätten auch
in Einklang mit der ständigen und übereinstimmenden Anwendungspraxis sei,
gab Österreich bei der Ratifizierung eine Erklärung ab, worin diese Auffassung
kundgetan wurde.[259] Aus dieser Auslegung heraus zieht der Gesetzgeber dann

---

256 ErläutRV 644 BlgNR XVIII. GP 25.
257 Ibid., 27. Auch bei den konkreten Erläuterungen zu Art 4 war der Gesetzgeber der
     Ansicht, dass *„Verpflichtungen des Staates aus diesem Übereinkommen nur [bestehen],*
     soweit ein Kultur- und Naturgut in die Liste gemäß Art 11 aufgenommen wurde"
     Ibid., 26.
258 Ibid.
259 Erklärung Österreichs: *„Im Einklang mit der ständigen und übereinstimmenden*
     Anwendungspraxis des Übereinkommens zum Schutz des Kultur- und Naturerbes der
     Welt ist Österreich der Auffassung, daß die Verpflichtung gemäß Artikel 6 Absatz 3 des

noch den allgemeinen Schluss, dass sich auch die nationalen Schutzverpflichtungen nur auf Welterbestätten beziehen:

> *Die Verpflichtungen der Vertragsstaaten zur Bewahrung des Kultur- und Naturerbes im Inland [...] beziehen sich ausschließlich auf solche Güter, die gemäß Artikel 11 in die „Liste des Erbes der Welt" aufgenommen wurden.*"[260]

Der Gesetzgeber meinte also, dass sich die Verpflichtungen zum nationalen („*Inland*") und zum internationalen Schutz („*Hoheitsgebiet anderer Vertragsstaaten*") ausschließlich auf in die Welterbeliste eingetragene Stätten beziehen. Warum der österreichische Gesetzgeber den Schutzgegenstand für alle Verpflichtungen (national wie international) auf Welterbestätten beschränkt, wird nicht ausgeführt, sondern lediglich in dieser Form angeführt. Aus dem Vertragstext ist dies in dieser Form nicht ableitbar, auch wenn die Vertragspraxis der österreichischen Interpretation Recht gegeben hat.

Erklären ließe sich diese Reduzierung des Schutzgegenstandes in der Vertragspraxis auf nur gelistete Welterbestätten zum einen daraus, dass Vertragsstaaten nur für in die Liste eingetragene Stätten (partielle) Souveränität abgegeben haben und das Welterbekomitee legitimiert haben den Erhaltungszustand zu überwachen. Zum anderen trifft Vertragsstaaten eine Berichtspflicht, wodurch nur Welterbestätten für das Welterbekomitee erfassbar werden. Wenn auch Sinn und Zweck des Übereinkommens mit einem umfassenden Schutzgegenstand prinzipiell nachvollziehbar ist, nämlich, dass Staaten nicht nur die wenigen gelisteten Stätten, sondern alle bedeutenden Stätten auf ihrem Hoheitsgebiet schützen und erhalten sollen, zeigt jedoch die Praxis, dass diese Bestimmungen nicht im vollen Ausmaß umsetzbar sind. Das Welterbekomitee hat sich bisher auch nur in ganz schwerwiegenden Fällen zu nicht gelisteten Stätten geäußert, wie beispielsweise zu den Zerstörungen der (damals noch nicht gelisteten) Buddha-Statuen im Bamiyan Tal/Afghanistan

---

Übereinkommens, alle vorsätzlichen Maßnahmen zu unterlassen, die das im Hoheitsgebiet anderer Vertragsstaaten befindliche Kultur- und Naturerbe mittelbar oder unmittelbar schädigen könnten, sich nur auf solche Güter des Kultur- und Naturerbes bezieht, die gemäß Artikel 11 Absatz 2 des Übereinkommens in die „Liste des Erbes der Welt" aufgenommen wurden." BGBl 60/1993.

260 ErläutRV 644 BlgNR XVIII. GP 27. Auch bei den konkreten Erläuterungen zu Art 4 war der Gesetzgeber der Ansicht, dass „*Verpflichtungen des Staates aus diesem Übereinkommen nur [bestehen], soweit ein Kultur- und Naturgut in die Liste gemäß Art 11 aufgenommen wurde*" Ibid., 26.

im Jahr 2001. Sonst sind die Appelle und Interventionen des Welterbekomitees auf Welterbestätten begrenzt.[261]

4.1.4 Schutzmaßnahmen

Die Schutzmaßnahmen sind insbesondere aus Art 4 ableitbar. Demnach sind es

(1) das *Erfassen*,
(2) der *Schutz*,
(3) der *Erhalt* nach Bestand und Wertigkeit,
(4) die *Weitergabe* an künftige Generationen.

Die *Erfassung* wird im Detail in Art 3 normiert. Demnach obliegt es ausschließlich den Staaten, die auf ihrem Hoheitsgebiet liegenden Stätten zu erfassen und zu bestimmen. Die Einflussnahme anderer Staaten wird damit ausgeschlossen und die ausschließliche Zuständigkeit des jeweiligen Staates diesbezüglich festgeschrieben.

Der *Schutz* wird im Vertragstext nicht näher definiert. Demnach könnte es sowohl im engeren Sinne als Schutz der Substanz verstanden werden, oder im weiteren Sinn als genereller Schutz vor negativen Einflüssen.

Nimmt man die Verpflichtung zum *Erhalt*, noch dazu mit dem Zusatz *in Bestand und Wertigkeit*, hinzu, dann lässt dies darauf schließen, dass sowohl mit Schutz als auch mit Erhalt nicht nur der Schutz vor Zerstörung und Verfall gemeint sein muss, sondern vielmehr bereits im Vorfeld eine Degradierung des Zustandes und damit des Wertes verhindert werden soll.[262]

Mit der *Weitergabe an künftige Generationen* wird der langfristige, vorausschauende und nachhaltige Schutz und Erhalt von den Vertragsstaaten verlangt.

Diese Interpretation scheint auch durch die Vertragspraxis des Welterbekomitees bestätigt, die den Erhaltungszustand von Welterbestätten nicht iS des restriktiven Schutzes vor Zerfall, sondern gerade auch Degradierungen und schleichende Veränderungen beurteilt. Auch die von den Vertragsstaaten

---

261 *Lenzerini*, Article 12. Protection of Properties Not Inscribed on the World Heritage List, in *Francioni* 208.

262 Siehe auch *Seifert*, Das UNESCO-Übereinkommen und die Rechtsordnung der Bundesrepublik Deutschland 61 f; *Pfeifle*, UNESCO-Weltkulturerbe: Vom globalen Völkerrecht zur lokalen Infrastrukturplanung 106 f; *Odendahl*, Kulturgüterschutz: Entwicklung, Struktur und Dogmatik eines ebenenübergreifenden Normensystems 500, 604 f.

geforderten Managementpläne werden einer weiten Schutz- und Erhaltungsbe-
grifflichkeit gerecht.

4.2 Internationale Hilfe und Unterstützung: Art 6

Artikel 6

(1) *Unter voller Achtung der Souveränität der Staaten, in deren Hoheitsgebiet sich das in den Artikeln 1 und 2 bezeichnete Kultur- und Naturerbe befindet, und unbeschadet der durch das innerstaatliche Recht gewährten Eigentumsrechte erkennen die Vertragsstaaten an, daß dieses Erbe ein Welterbe darstellt, zu dessen Schutz die internationale Staatengemeinschaft als Gesamtheit zusammenarbeiten muß.*

(2) *Die Vertragsstaaten verpflichten sich, im Einklang mit diesem Übereinkommen bei Erfassung, Schutz und Erhaltung des in Artikel 11 Absätze 2 und 4 bezeichneten Kultur- und Naturerbes in Bestand und Wertigkeit Hilfe zu leisten, wenn die Staaten, in deren Hoheitsgebiet sich dieses Erbe befindet, darum ersuchen.*

(3) *Jeder Vertragsstaat verpflichtet sich, alle vorsätzlichen Maßnahmen zu unterlasssen (Anm.: richtig: unterlassen), die das in den Artikeln 1 und 2 bezeichnete, im Hoheitsgebiet anderer Vertragsstaaten befindliche Kultur- und Naturerbe mittelbar oder unmittelbar schädigen könnten.*

Die Art 6 und 7 in Abschnitt II beziehen sich auf den internationalen Schutz des Kultur- und Naturerbes.

Art 7 definiert, was unter internationalem Schutz zu verstehen ist, nämlich *die Einrichtung eines Systems internationaler Zusammenarbeit und Hilfe, das die Vertragsstaaten in ihren Bemühungen um die Erhaltung und Erfassung dieses Erbes unterstützen soll.*

Art 6 normiert die Verpflichtungen der Vertragsstaaten. Gemäß Art 6 Abs 1 anerkennen die Vertragsstaaten die Bedeutung besonders herausragender Stätten als Erbe der Welt, zu deren Schutz die internationale Staatengemeinschaft zusammenarbeiten muss. Gleichzeitig wird auch klargestellt, dass Souveränitätsrechte und Eigentumsrechte unberührt bleiben, also kein Treuhandsystem[263] vorgesehen ist. Gemäß Art 6 Abs 2 *verpflichten* sich die Vertragsstaaten für in die Welterbeliste(n) aufgenommene Stätten *Hilfe zu leisten, wenn die Staaten, in deren Hoheitsgebiet sich dieses Erbe befindet, darum ersuchen.* Damit ist eine allgemeine Verpflichtung zur Hilfeleistung vorgesehen, wobei zwei Beschränkungen bestehen, nämlich dass sie nur für gelistete Stätten gelten und nur wenn der territoriale Staat darum ersucht. Art 6 Abs 3 *verpflichtet* die Vertragsstaaten

---

263 *Seifert*, Das UNESCO-Übereinkommen und die Rechtsordnung der Bundesrepublik Deutschland 71.

alle vorsätzlichen Maßnahmen zu unterlassen, die das Kultur- und Naturerbe im Hoheitsgebiet anderer Staaten mittelbar oder unmittelbar schädigen könnten. Hier wird somit eine „*negative obligation*",[264] eine Unterlassungspflicht normiert bzw ein „*Schädigungsverbot*"[265] vorgeschrieben.

4.2.1 Verpflichtungsart und -grad

Bei der Verpflichtungsart und beim Verpflichtungsgrad ist Art 6 dem Wortlaut nach eindeutig: Hier sind die Vertragsstaaten „*verpflichtet*" etwas zu tun (Hilfe zu leisten) und „*verpflichtet*" etwas zu unterlassen (Kultur- und Naturerbestätten anderer Staaten zu schädigen). Hier handelt es sich also um klassische *Verpflichtungen*. Diese Deutlichkeit und Bestimmtheit im Vertragstext hat auch dazu geführt, dass in der österreichischen Rechtsprechung dieser Artikel zur Interpretation von Art 4 und der Frage des Verpflichtungsgrades beim innerstaatlichen Schutz als Vergleich herangezogen und die Schlussfolgerung gezogen wird, dass Art 6 eine weitreichendere Verpflichtung normiert als Art 4.[266] Aus materieller Sicht merkt *Seifert* jedoch kritisch an, dass die Verpflichtungen auf internationaler Ebene „*weitaus weniger konkret [sind] als diejenigen auf nationaler Ebene*".[267] Speziell das in Abs 3 normierte Verbot würde sich „*im Einzelfall [...] bereits regelmäßig aus allgemeinem bzw. Umweltvölkerrecht ergeben*". Daher könne *eine „über die bloße Klarstellung des völkergewohnheitsrechtlich anerkannten Schädigungsverbots hinausgehende Verpflichtung [...] in der Norm kaum gesehen werden*".[268]

4.2.2 Schutzgegenstand

Während Verpflichtungsart und -grad aus dem Vertragstext eindeutig ableitbar sind, ist der Schutzgegenstand dies nicht: Die Verpflichtung zur Hilfeleistung (Abs 2) bezieht sich nur auf gelistete Stätten, die Verpflichtung zur Unterlassung (Abs 3) hingegen auf alle Stätten von außergewöhnlichem universellem Wert. Die Beschränkung der Hilfeleistung wird jedoch durch Art 13 relativiert,

---

264 *Carducci*, Articles 4–7. National and International Protection of the Cultural and Natural Heritage, in *Francioni* 126.

265 *Seifert*, Das UNESCO-Übereinkommen und die Rechtsordnung der Bundesrepublik Deutschland 71.

266 VwGH 19.12.2013, 2011/03/0160, 0162, 0164, 0165.

267 *Seifert*, Das UNESCO-Übereinkommen und die Rechtsordnung der Bundesrepublik Deutschland 71.

268 *Ibid.*, 71 f.

da internationale Unterstützung nicht nur für Listengüter, sondern auch für potenzielle Stätten vorgesehen ist. Der weite Schutzgegenstand bei der Unterlassungspflicht wiederum wird durch die Vertragspraxis, und im Falle Österreichs mit der abgegebenen Erklärung, auf gelistete Güter beschränkt. Dh der Schutzgegenstand erfuhr de facto und de jure bei der Verpflichtung zur Hilfeleistung eine Erweiterung (auf alle Stätten), bei der Verpflichtung zur Unterlassung eine Einschränkung (auf gelistete Stätten).

4.2.3 Schutzmaßnahmen

Die Schutzmaßnahmen sind einerseits die Hilfeleistung zum Schutz und zum Erhalt (Abs 2) und andererseits eine Unterlassungspflicht zur Schädigung von Kultur- und Naturerbestätten eines anderen Staates (Abs 3). Die Hilfeleistung ist sehr allgemein formuliert, richtet sich an den Hilfe bedürftigen Staat und bezieht sich somit auf die Schutzmaßnahmen in Art 4, also auf die Identifizierung, den Schutz und den Erhalt von Stätten, und manifestiert sich zB über die Beitragszahlungen zum Welterbefonds oder den Entscheidungen des Welterbekomitees. Eingeschränkt wird die Hilfe jedoch dadurch, dass diese nicht automatisch erfolgt, sondern erst ausgelöst wird, wenn der betroffene territoriale Staat darum ersucht.[269] Die Unterlassungspflicht ist wiederum sehr umfassend und bezieht direkt oder indirekt verursachte Schäden mit ein. Eine Einschränkung erfolgt durch das Tatbestandsmerkmal des Vorsatzes.[270]

4.3 Zusammenfassung

4.3.1 Nationaler Schutz und Erhalt

Die Art 4 und 5 normieren im Welterbe-Übereinkommen die Kernverpflichtungen zum nationalen Schutz. Der Wortlaut des Vertragstextes ist wenig bestimmt und auslegungsbedürftig und weist noch dazu Unterschiede in Bezug auf die Verpflichtungsart und den Verpflichtungsgrad in seinen verschiedenen Sprachfassungen auf. Die Spannbreite geht von einer moralischen Verpflichtung (*duty*), über einer obligatorischen Pflicht (*obligation*), bis hin zu einer unverbindlichen *Aufgabe*. Da jedoch nicht davon auszugehen ist, dass dieser Bedeutungsunterschied von den Vertragsparteien beabsichtigt war, müssen die unterschiedlichen Begriffe ausgelegt und einer Inhaltskonkretisierung zugeführt werden. Dafür

---

269 *Carducci*, Articles 4–7. National and International Protection of the Cultural and Natural Heritage, in *Francioni* 124 f.
270 *Ibid.*

wurden die Bestimmungen gemäß Art 31 bis 33 WVK interpretiert und die juristischen Interpretationsquellen und -methoden herangezogen, die zusammenfassend folgendes Ergebnis brachten:

- Aus dem Übereinkommenstext können, wie erwähnt, die Verpflichtungsart und der Verpflichtungsgrad zum innerstaatlichen Schutz nicht zweifelsfrei abgeleitet werden;
- auch die Operativen Richtlinien geben darüber keinen näheren Aufschluss, da sie einerseits den (unverbindlicheren) Begriff *Verantwortung* („*responsibility*") verwenden und die Souveränität der Staaten betonen, aber andererseits 14 konkrete Maßnahmen listen (inkl die *eigenen* Stätten nicht zu schädigen, lit h);
- die *travaux préparatoires* zeigen auf, dass der nationale Schutz nicht der Regelungszweck des Übereinkommens sein sollte, dass dieser aber eine unerlässliche Grundvoraussetzung darstellt und daher auch im Übereinkommen (mit-) normiert wurde;
- das Welterbekomitee, das die Vertragspraxis widerspiegelt, fordert den nationalen Schutz iS einer *obligation* ein;
- der österreichische Gesetzgeber ging bei der Ratifizierung grundsätzlich von einer *allgemeinen Verpflichtung* des innerstaatlichen Schutzes aus, wobei diese iS *einer allgemeinen politischen Ausrichtung* zu verstehen sei;
- die derzeit vorhandene österreichische Rechtsprechung erkennt in Art 4 keine weitreichende Verpflichtung aus der Verbote ableitbar wären (sondern eine *völkerrechtliche Vorgabe*);
- in Deutschland hat sich die Rechtsprechung seit dem Rechtstreit um den Dresdner Brückenbau geändert und das Übereinkommen findet seitdem in der Rechtsprechung vermehrt Berücksichtigung;
- die Deutsche Bundesregierung bezeichnet in einem Gutachten Art 5 (und 4) als *Bemühenspflichten*;
- im Kommentar werden die Bestimmungen – nach allgemeiner Analyse – als *bescheidende Verpflichtung* („*modest commitment*") eingestuft;
- die Fachliteratur geht in Art 4 von einer *allgemeinen Verpflichtung* aus, die erst durch Art 5 beschnitten wird.

Daraus können folgende Schlussfolgerungen gezogen werden:

1. Nach Wortlaut, Systematik, Sinn und Zweck und Anwendungspraxis besteht für Vertragsstaaten gemäß Art 4 eine *allgemeine innerstaatliche Schutz- und Erhaltungspflicht* für Kultur- und Naturerbestätten von außergewöhnlichem universellem Wert auf dem eigenen Hoheitsgebiet. Der nationale Schutz

bildet (aufgrund der Souveränität der Staaten) die Grundvoraussetzung für den Schutz und Erhalt der Welterbestätten und wird im Übereinkommen auch als solcher normiert. Als Grundvoraussetzung kann diese Bestimmung keine „Kann-Bestimmung" sein, sondern muss als „Muss-Bestimmung" bestehen. Das Übereinkommen wäre sonst ad absurdum geführt, wenn Staaten Welterbestätten nominieren können aber nicht erhalten bräuchten. Nachdem aber kein übergeordnetes Denkmalschutz- oder Naturschutzsystem mit dem Übereinkommen geschaffen und auf die Souveränität der Staaten Rücksicht genommen wurde, sind die entsprechenden Bestimmungen im Übereinkommen nicht als *obligatorische Verpflichtung* formuliert. Sie kommen diesen jedoch als Grundvoraussetzung sehr nahe, was sich in der Vertragsanwendung widerspiegelt. Wiegt man Sinn und Zweck des Übereinkommens (*obligatorische Verpflichtung*) und das bestehende völkerrechtliche System (*Vorgabe*) ab, kann der Schluss gezogen werden, dass die Bestimmungen zum innerstaatlichen Schutz *allgemeine Pflichten* sein müssen, zu denen sich die Vertragsstaaten *verpflichten*.

2. Da die Ausgangslagen der Staaten unterschiedliche sind, liegt es an jedem Staat diese *allgemeine Pflicht/allgemeine Verpflichtung* auszugestalten. Daher werden keine obligatorischen Maßnahmen normiert, sondern gemäß Art 5 sogenannte „*Bemühenspflichten*". *Bemühung* bedeutet jedoch nicht nach Belieben, sondern iS von Ermessen.

Der Begriff *duty* entspräche demnach der Verpflichtungsart am ehesten, wobei sie aber im Verpflichtungsgrad einer Muss-Bestimmung sehr nahe kommt und daher auch als *soft obligation* bezeichnet werden könnte. Auf jeden Fall aber ist der Begriff „*Aufgabe*", wie in der deutschen Übersetzung des Übereinkommens verwendet, abzulehnen und mit dem passenderen Begriff der „*Pflicht*" oder „*Verpflichtung*" zu ersetzen. Die Rechtsprechung in Deutschland und Österreich zeigt jedoch auch, dass diese *Pflicht*, diese *Verpflichtung* unmittelbar wenig normative Wirkung entfalten kann. Am Beispiel von Deutschland kann man aber auch sehen, dass eine Wende im Verständnis und in der Auslegung des Übereinkommens erfolgen kann.

In Bezug auf die Rechtsqualität der *Verpflichtung* ist sich die Fachliteratur nicht ganz einig. Während einige Autoren[271] geringe Anforderungen feststellen und sie als eine Art „*Frustrationsverbot*" sehen (iS von Unterlassung von

---

271 ZB *Kilian*, Die Weltkulturerbeliste der UNESCO aus völkerrechtlicher und aus nationalstaatlicher Sicht 470 ff.

Maßnahmen, die Ziel und Zweck des Vertrages zuwiderlaufen), gehen andere Autoren[272] von einem „*Optimierungsgebot*" aus (iS positive Maßnahmen zu ergreifen, die Ziel und Zweck des Vertrages fördern). *Seifert*[273] wiegt die einzelnen Bestimmungen nach Wortlaut, Systematik und Norminhalt ab und kommt schlüssig zum Schluss, dass die Bestimmungen in Art 4 und 5 zwar nicht so weitreichend scheinen, als dass ein *Optimierungsgebot* ableitbar ist. Ein reines *Frustrationsverbot* anzunehmen, wäre jedoch auch zu kurz gegriffen, sollten Sinne und Zweck des Übereinkommens nicht ins Leere laufen. Damit liegen die *Verpflichtungen* zwischen einem *Frustrationsgebot* und einem *Optimierungsgebot*.[274]

Der Schutzgegenstand umfasst dem Wortlaut nach alle Kultur- und Naturerbestätten von außergewöhnlichem universellem Wert, die unter die Definition in Art 1 und 2 fallen. Nach dem Vertragstext gebühren somit allen (gelistet oder nicht) Stätten von außergewöhnlichem universellem Wert Schutz und Hilfe. Dies normieren die Art 4, 5, teilweise 6, und speziell Art 12. Die ständige und übereinstimmende Anwendungspraxis hat jedoch gezeigt, dass dieser weite Schutzgegenstand nicht vollkommen umsetzbar ist und dass das Übereinkommen nur konkret und effektiv in Bezug auf die in die Welterbeliste(n) eingetragenen Stätten anwendbar ist. Somit konkretisiert sich der Schutzgegenstand mit bzw bei Welterbestätten und ergibt sich allgemein aus der *justification of inscription*, also der Begründung der Aufnahme mit der Beschreibung des *außergewöhnlichen universellen Werts* der Stätte. Die genauen Elemente und Eigenschaften, also der konkrete Schutzgegenstand der jeweiligen Welterbestätte, leitet sich aus dem Einreichdossier ab und sollte der territoriale Staat nochmals für sich präzisieren und definieren (zB im Managementplan), da dieser auch bei Streitfällen von entscheidender Relevanz ist.

Die Schutzmaßnahmen sind sehr weitreichend und gehen von der Erfassung, über den Schutz bis hin zum Erhalt in Bestand und Wertigkeit sowie die Weitergabe an künftige Generationen. Schutz und Erhalt implizit im engeren Sinne nicht nur den Schutz vor Zerfall, sondern ist – nach Wortlaut, Sinn und Zweck sowie Anwendungspraxis – im weiten Sinne als Schutz im Vorfeld vor Degradierung des Zustandes und damit des Wertes zu verstehen.

---

272 ZB *Pfeifle*, UNESCO-Weltkulturerbe: Vom globalen Völkerrecht zur lokalen Infrastrukturplanung 112 f.

273 *Seifert*, Das UNESCO-Übereinkommen und die Rechtsordnung der Bundesrepublik Deutschland 64 ff.

274 *Ibid.*, 70.

4.3.2 Internationale Hilfe und Unterstützung

Die Kernverpflichtungen zum internationalen Schutz sind in Art 6 normiert. Mit dem Übereinkommen wurde ein System internationaler Zusammenarbeit und Hilfe geschaffen, das die Vertragsstaaten in ihren Bemühungen um die Erhaltung und Erfassung dieses Erbes unterstützen soll (Art 7). Es wird klargestellt, dass kein Treuhandsystem[275] geschaffen wird, also Souveränitätsrechte und Eigentumsrechte unberührt bleiben (Art 6 Abs 1). Auf internationaler Ebene verpflichten sich die Staaten zur Hilfeleistung (Art 6 Abs 2) und zur Unterlassung von vorsätzlichen Maßnahmen, die das Kultur- und Naturerbe im Hoheitsgebiet anderer Staaten mittelbar oder unmittelbar schädigen könnten (Art 6 Abs 3; *negative obligation*[276]).

Die Verpflichtungsart und der Verpflichtungsgrad sind aus dem Vertragstext dem Wortlaut nach eindeutig ableitbar: Es handelt sich um klassische *Verpflichtungen*, einmal um positive (Hilfe zu leisten), einmal um negative (Unterlassung) Verpflichtungen.[277] Diese Deutlichkeit und Bestimmtheit im Vertragstext führt dazu, dass dieser Artikel in der österreichischen Rechtsprechung zur Interpretation von Art 4 und der Frage der innerstaatlichen Schutzverpflichtung als Vergleich herangezogen und die Schlussfolgerung gezogen wird, dass Art 4 eine weniger weitreichendere Verpflichtung normiert.[278]

Der Schutzgegenstand bezieht sich bei der Verpflichtung zur Hilfeleistung (in Verbindung mit Art 13) auf alle Stätten von außergewöhnlichem universellem Wert; bei der Verpflichtung zur Unterlassung (aufgrund der Vertragspraxis und im Falle Österreichs mit der abgegebenen Erklärung) auf nur gelistete (Welterbe-)Stätten.

Die Schutzmaßnahmen sind einerseits die Hilfeleistung zum Schutz und zum Erhalt (Abs 2) und andererseits eine Unterlassungspflicht zur Schädigung von Kultur- und Naturerbestätten eines anderen Staates (Abs 3).

---

275 *Ibid.*, 71.

276 *Carducci*, Articles 4–7. National and International Protection of the Cultural and Natural Heritage, in *Francioni* 126.

277 Aus materieller Sicht haben diese Verpflichtungen jedoch wenig Gehalt, da sich diese mehr oder weniger bereits aus allgemeinem bzw Umweltvölkerrecht ergeben, *Seifert*, Das UNESCO-Übereinkommen und die Rechtsordnung der Bundesrepublik Deutschland 71 f.

278 VwGH 19.12.2013, 2011/03/0160, 0162, 0164, 0165.

Mit Bezug auf den innerstaatlichen Schutz kann in Conclusio gesagt werden, dass die Verpflichtungen zum internationalen Schutz dem Wortlaut nach zwar sehr eindeutig als „Muss-Bestimmungen" formuliert sind, diese aber, wie *Seifert*[279] ausführt, *„weitaus weniger konkret als diejenigen auf nationaler Ebene [sind]"*.

---

279 *Seifert*, Das UNESCO-Übereinkommen und die Rechtsordnung der Bundesrepublik Deutschland 71.

5. Umsetzung des Übereinkommens in Österreich
Ratifizierung, Rechtsumsetzung und Rechtsprechung

Österreich ist mit der Geschichte des Welterbe-Übereinkommens eng verbunden:[280] Dr. Hans Foramitti, Konservator am Bundesdenkmalamt, war einer jener vierzehn Experten, die um erste Überlegungen ersucht wurden, wie ein nationales und internationales Schutzsystem für Kulturgüter in Friedenszeiten aussehen könnte.[281] Er fungierte bei einem dieser Treffen (1968) als Rapporteur[282] und wurde beim Regierungsexpertentreffen im April 1972 zum Rapporteur-General gewählt.[283] Dass in Art 5 des Übereinkommens die Wörter *„as appropriate"* verwendet werden, ist insb auf die österreichische Stellungnahme zurückzuführen.[284] Daneben gestaltete die Juristin Anne Raidl, gebürtige Österreicherin und im UNESCO-Sekretariat in der *Division of Cultural Heritage and International Standards Section* tätig, entscheidend die Entstehung des Übereinkommens mit und wirkte maßgeblich vonseiten des UNESCO-Sekretariats in den ersten Jahren nach Inkrafttreten mit.[285]

Obwohl Österreich noch kein Vertragsstaat war, nahm es auch an mehreren Vertragsstaaten-Konferenzen teil[286] und leistete – ohne durch Art 15 gebunden zu sein – jahrelang einen freiwilligen Beitrag zum Welterbefonds.[287]

---

280 Näheres in Kapitel 3.1.

281 UNESCO Doc. SCH/CS/27/8 Annex I List of Participants.

282 UNESCO Doc. SCH/CS/27/8, 3.

283 UNESCO Doc. SHS.72/CONF.37/19, 2.

284 UNESCO Doc. SHC/MD/18 Annex I 2 f.

285 *Cameron/Rössler*, Many Voices, One Vision: The Early Years of the World Heritage Convention 27 ff, 45 ff, 120, 199, 281.

286 ZB bei der 1. Vertragsstaatenkonferenz 1976 in Nairobi, UNESCO Doc SHS/76/conf.014/COL.9 Annex II List of Participants, Summary Record General Assembly of States Parties to the Convention Concerning the Protection of the World Cultural and Natural Heritage, Nairobi, 26 November 1976.

287 ErläutRV 644 BlgNR XVIII. GP 23.

Trotz dieser entscheidenden Ausgestaltung und Partizipation ratifizierte Österreich das Übereinkommen erst 1992. Grund dafür war – der Regierungsvorlage zufolge – Art 6 Abs 3 und die Frage, ob sich die dort geregelte Unterlassungspflicht nur auf gelistete Güter bezieht oder alle Stätten gemäß Art 1 und 2 des Übereinkommens erfasst:

> *„Da nunmehr feststeht, daß die ständige und übereinstimmende Anwendungspraxis der Vertragsstaaten jener restriktiven Auslegung folgt, welche den durch Artikel 6 Absatz 3 des Übereinkommens verliehenen Schutz auf die in die „Liste des Erbes der Welt" aufgenommenen Objekte beschränkt, fielen jene Bedenken weg, die vormals einer Ratifikation des Übereinkommens durch Österreich entgegenstanden."*[288]

Damit war eine Auslegungsproblematik gelöst, die *„maßgebend dafür [war], daß Österreich den Beitritt zum Übereinkommen erst relativ spät in Angriff nimmt"*.[289]

5.1 Ratifizierung und Inkrafttreten

Am 20. Oktober 1992 behandelte der Außenpolitische Ausschuss in seiner 11. Sitzung die Regierungsvorlage zur Ratifizierung des Übereinkommens und empfahl einstimmig dem Nationalrat die Genehmigung des Abschlusses des Staatsvertrages.[290] Der Gesetzgeber folgte bei seiner 88. Sitzung am 12. November 1992 der Empfehlung und genehmigte nach kurzer Debatte den Abschluss.[291] Aufgrund der im Übereinkommen enthaltenen Bestimmungen zum selbstständigen Wirkungsbereich der Länder behandelte der Außenpolitische Ausschuss des Bundesrates am 17. November 1992 das Übereinkommen und beschloss ebenfalls dem Bundesrat die Zustimmung zu empfehlen.[292] In seiner 561. Sitzung am 19. November 1992 erteilte schließlich der Bundesrat

---

288 Ibid., 25.

289 Ibid.

290 Bericht des Außenpolitischen Ausschusses über die Regierungsvorlage (644 der Beilagen): Übereinkommen zum Schutz des Kultur- und Naturerbes der Welt samt österreichischer Erklärung, 727 der Beilagen zu den Stenographischen Protokollen des Nationalrates XVIII. GP.

291 Stenographisches Protokoll, 88. Sitzung des Nationalrates der Republik Österreich, XVIII. GP 50 ff.

292 Bericht des Außenpolitischen Ausschusses über den Beschluß des Nationalrates am 12. November 1992 betreffend ein Übereinkommen zum Schutz des Kultur- und Naturerbes der Welt samt österreichischer Erklärung, 4362 der Beilagen zu den Stenographischen Protokollen des Bundesrates.

einstimmig dem Beschluss des Nationalrates iS des Art 50 Abs 1 B-VG seine Zustimmung.[293]

Nach der verfassungsmäßig vorgesehenen Beurkundung durch die Unterschrift des Bundespräsidenten (Dr. Thomas Klestil) und die Gegenzeichnung durch den Bundeskanzler (Dr. Franz Vranitzky) hinterlegte Österreich die Ratifizierungsurkunde am 18. Dezember 1992 bei der UNESCO. Am 28. Januar 1993 wurde das Übereinkommen in englischer und französischer Fassung, sowie in deutscher Übersetzung im BGBl 60/1993 veröffentlicht.[294]

Das Übereinkommen trat für Österreich gemäß Art 33 drei Monate nach Hinterlegung der Urkunde am 18. März 1993 in Kraft. Österreich wurde damit 133. Vertragsstaat des „Übereinkommen zum Schutz des Kultur- und Naturerbes der Welt".[295]

5.2 Rechtsumsetzung

Als völkerrechtlicher Vertrag berechtigt und verpflichtet das Übereinkommen grundsätzlich nur Völkerrechtssubjekte, im vorliegenden Fall die Republik Österreich. Dementsprechend sind Bund, Länder und Gemeinden verpflichtet, die in ihrem Wirkungsbereich zur Durchführung des Übereinkommens nötigen Maßnahmen zu treffen.[296] Subjektive Rechte können aus dem Übereinkommen nicht abgeleitet werden. Daran ändert auch die erfolgte (generelle) Transformation in nationales Recht nichts, da das Übereinkommen grundsätzlich[297] selbst keine subjektiven Rechte vorsieht und der Vertragstext darüber hinaus auch nicht ausreichend bestimmt ist.[298]

---

293 Stenographisches Protokoll, 561. Sitzung des Bundesrates der Republik Österreich, 19. November 1992, 27.

294 Bundesgesetzblatt für die Republik Österreich, Jahrgang 1993, ausgegeben am 28. Jänner 1993, 29. Stück, 60.

295 States Parties, in chronological order, http://www.unesco.org/eri/la/convention. asp?KO=13055&language=E (zuletzt abgefragt am 29.11.2018).

296 *Binder/Zemanek* in *Reinisch* Rz 239 ff.

297 Einzelnen wird durch die Operativen Richtlinien Para 172 ff eine Möglichkeit eingeräumt, dem Welterbekomitee Probleme in Welterbestätten zu melden.

298 Dazu auch Entscheidung BVwG 20.8.2014, W1952010422-1; allgemein auch *Binder/ Trauner* Öffentliches Recht – Grundlagen. Lehrbuch Rz 715.

Das Übereinkommen wurde nicht als verfassungsändernder bzw verfassungsergänzender Staatsvertrag beschlossen. Dies unter anderem mit der Konsequenz, dass das Übereinkommen die Kompetenzverteilung zwischen Bund und Ländern ebenso unberührt lässt wie den selbstständigen Wirkungsbereich der Gemeinden. Die Zuständigkeit zur Wahrnehmung der übernommenen Aufgaben orientiert sich (unverändert) nach den einschlägigen verfassungsrechtlichen Vorgaben.[299] Je nach Kultur- und Naturerbestätte fällt der Schutz und Erhalt damit entweder in Bundeskompetenz und/oder Landeskompetenz und/oder in Gemeindezuständigkeit. Meistens ist jedoch iS einer Querschnittsmaterie ein gemeinsames Vorgehen nötig.[300]

Das Übereinkommen wurde als gesetzesändernder bzw gesetzesergänzender Staatsvertrag gemäß Art 50 Abs 1 B-VG verfassungskonform[301] abgeschlossen. Demnach steht das Übereinkommen im Rang von einfachen Gesetzen; es ist damit ein „Gesetz" iSd Art 18 Abs 1 und 2 B-VG.[302]

Wie aus den Gesetzesmaterialien hervorgeht, war der Gesetzgeber der Meinung, dass das Übereinkommen *„der unmittelbaren Anwendung im innerstaatlichen Rechtsbereich zugänglich [ist], sodaß eine Erlassung von Gesetzen gemäß Artikel 50 Absatz 2 B-VG nicht erforderlich ist"*.[303] Das Übereinkommen wurde somit ohne Erfüllungsvorbehalt abgeschlossen (*self-executing* Charakter).[304] Bei der Ratifizierung ging man also davon aus, dass der Norminhalt des Übereinkommens so formuliert ist, dass die innerstaatlichen Vollzugsorgane die Bestimmungen ohne Weiteres anwenden können und dass sämtliche Tatbestände innerstaatlich in Gesetzen und anderen Rechtsvorschriften bereits geregelt sind, sodass das Übereinkommen allein durch Kundmachung geltend und unmittelbar anwendbar wird.[305] In den Erläuterungen der Regierungsvorlage ist idS auch zu lesen, dass bei der Aufnahme österreichischer Welterbestätten mit keinen

---

299 Bundes-Verfassungsgesetz (B-VG) StF BGBl 1/1930 idF BGBl I 22/2018, Kompetenzartikel 10–15 sowie zur Selbstverwaltung der Gemeinden Art 115–120; Allgemein *Öhlinger/Eberhard,* Verfassungsrecht[11] (2016) Rz 235 ff.

300 *Perthold-Stoitzner,* Das Übereinkommen aus völkerrechtlicher und innerstaatlicher Sicht 116.

301 Allgemein *Binder/Zemanek* in *Reinisch* Rz 305 ff; *Öhlinger/Eberhard* Rz 116 ff.

302 *Grabenwarter* in *Reinisch* Rz 553; *Öhlinger/Eberhard* Rz 121.

303 ErläutRV 644 BlgNR XVIII. GP 24.

304 *Binder/Zemanek* in *Reinisch* Rz 315 f; *Öhlinger/Eberhard* Rz 119 f.

305 *Binder/Zemanek* in *Reinisch* Rz 315.

Mehrkosten zu rechnen ist, *„da es sich zweifelsfrei um Güter handeln wird, die auch nach den innerstaatlichen Gesetzen entsprechend geschützt werden".*[306] Es erfolgte somit eine generelle Transformation des Übereinkommens in österreichisches Recht, ohne eigene Gesetze oder Vorschriften zu erlassen.[307] Damit sind die bestehenden österreichischen Rechtsnormen in Geltung und anzuwenden.

Wie aus den Gesetzesmaterialien weiter hervorgeht, war man der Ansicht, dass es sich beim Vertragsgegenstand (Kultur- und Naturerbe nach Art 1 und 2) überwiegend um Kompetenzbestände des Denkmalschutzes und des Naturschutzes handeln und es zu einer Konzentrierung auf relativ wenige Güter und Objekte kommen wird.[308] Als erste Stätten nominierte die Republik *„Schloss und Gärten von Schönbrunn"* und das *„Historische Zentrum der Stadt Salzburg"*, die im Jahr 1996 in die Welterbeliste aufgenommen wurden. Im Ein-Jahres-Takt folgten die ca 28.000 ha umfassende Kulturlandschaft *„Hallstatt-Dachstein/Salzkammergut"* (1997), die 41 km lange Strecke der *„Semmeringeisenbahn"* (1998), das *„Historische Zentrum von Graz"* (1999; mit der Erweiterung von Schloss Eggenberg 2010), die ca 18.000 ha umfassende Kulturlandschaft *„Wachau"* (2000) und 2001 das *„Historische Zentrum von Wien"* mit 371 ha und rund 1.600 Objekten sowie die Kulturlandschaft *„Fertö-Neusiedler See"* mit ca 68.000 ha Fläche. 2011 kamen im Rahmen einer seriellen, transnationalen Einreichung archäologische Ausgrabungen in drei österreichischen Seen dazu (*„Prähistorischen Pfahlbauten um die Alpen"*) und 2017, ebenfalls im Rahmen einer seriellen, transnationalen Einreichung, die erste Naturerbestätte, nämlich die Buchenwaldbestände in zwei österreichischen Schutzgebieten (*„Buchenwälder und Buchenurwälder der Karpaten und anderer Regionen Europas"*).[309]

Wie die Aufzählung offenbart, können die beiden ursprünglich vom Gesetzgeber als für die Umsetzung taugliche Grundlagen angenommenen Rechtsnormen – das Denkmalschutzgesetz und die Naturschutzgesetze der Länder – nicht den Welterbeschutz vollständig gewährleisten. Eine Vielzahl weiterer

---

306 ErläutRV 644 BlgNR XVIII. GP 26.

307 Allgemein *Grabenwarter* in Reinisch Rz 535; *Öhlinger/Eberhard* Rz 119; *Öhlinger*, Art 50 B-VG, in *Korinek/Holoubek*, Österreichisches Bundesverfassungsrecht, Textsammlung und Kommentar⁹ (2009) Rz 25 ff; konkret zum Welterbe-Übereinkommen *Perthold-Stoitzner*, Das Übereinkommen aus völkerrechtlicher und innerstaatlicher Sicht 115.

308 ErläutRV 644 BlgNR XVIII. GP 26.

309 Überblick über die österreichischen Welterbestätten, https://www.unesco.at/kultur/welterbe/die-oesterreichischen-welterbestaetten/ (zuletzt abgefragt am 29.11.2018).

innerstaatlicher Normen muss den Schutz der Welterbestätten bewirken, insbesondere der Ortsbildschutz, die Raumordnung, das Baurecht, der Landschaftsschutz, aber auch das Bahnrecht, Wasserrecht und das Straßenrecht, um nur einige zu nennen. Wie Mosaiksteine müssen die einzelnen gesetzlichen Regelungen zum Schutz der Welterbestätten beitragen.

Diese Komplexität und Schwierigkeit des umfassenden Schutzes (und letztlich Fehleinschätzung des Gesetzgebers bei Ratifizierung) veranschaulicht bereits die am wenigsten komplexeste der österreichischen Welterbestätten, nämlich „*Schloss und Gärten von Schönbrunn*": Schloss und Schlosspark ist ein Denkmal iS des österreichischen Denkmalschutzgesetzes (DMSG). Es steht vollflächig als Gesamtanlage unter Denkmalschutz[310] und genießt damit höchstmöglichen nationalen Schutz. Doch das österreichische DMSG kennt keinen weiter gefassten Umgebungsschutz oder Sichtachsenschutz, obwohl dies – wenn es vom Schutzgegenstand anzuleiten ist – vom Übereinkommen über das Welterbekomitee eingefordert wird: Auch Entwicklungen in der Umgebung können negative Einflüsse auf den für die Ernennung als Welterbe maßgeblichen außergewöhnlichen universellen Wert der Stätte haben und sind zu verhindern.[311] Dies war beispielsweise beim Hochhausprojekt auf den Komet-Gründen in Meidling, ca 750 m vom Schloss entfernt, der Fall. Der ursprünglich mit 120 m Höhe projektierte Büroturm hätte ua die visuelle Integrität der Welterbestätte beeinträchtigen können, sodass es zu einer vom Welterbekomitee geforderten *UNESCO/ICOMOS Reactive Monitoring Mission* im März 2006 kam. Nach intensiven Gesprächen, Beratungen und Verhandlungen wurde letztendlich eine Reduzierung der Höhe auf 60 m bewirkt. Das DMSG, das keinen Sichtachsenschutz kennt, war nicht auf das Projekt auf den Komet-Gründen anwendbar; das Welterbe-Übereinkommen schon und konnte eine allfällige visuelle Beeinträchtigung verringern – letztlich aber auch aufgrund des guten Willens der Parteien.[312]

Weitaus schwieriger gestalten sich die Sachlagen bei ganzen Stadtzentren oder bei Kulturlandschaften, die aus verschiedenen Schutzgegenständen bestehen und damit des Zusammenspiels verschiedener rechtlicher Regelungen und Kompetenzen bedürfen. So schreibt auch *Perthold-Stoitzner*[313] hinsichtlich der Komplexität und der daraus erwachsenden Schwierigkeiten:

---

310 *Bundesdenkmalamt*, Denkmalverzeichnis, Denkmalliste Wien, Stand 18.1.2018, https://bda.gv.at/fileadmin/Dokumente/bda.gv.at/Publikationen/Denkmalverzeichnis/Oesterreich_PDF/Wien_2018.pdf (abgefragt am 29.11.2018).
311 Mit Bezug auf Para 169 ff der Operational Guidelines idF 2017.
312 Dazu auch VfGH 2.10.2013, V19/2011.
313 *Perthold-Stoitzner*, Das Übereinkommen aus völkerrechtlicher und innerstaatlicher Sicht 118.

„Der innerstaatliche Schutz kann durch verschiedene Maßnahmen aktiviert werden: durch Ensembleunterschutzstellungen, Einzelunterschutzstellungen von Denkmalen, Ortsbildschutz, Naturschutz, und UVP-Verfahren – aber auch durch raumordnerische Maßnahmen. [...] Das Weltkulturerbe kann aber auch zu landschaftspflegerischen Maßnahmen verpflichten."

In Bezug auf die Kompetenzen schreibt sie:

„Damit der Welterbeschutz innerstaatlich greift, müssen [...] mehrere Gebietskörperschaften tätig werden, es gibt innerstaatlich mehrere zuständige Verantwortliche und damit „Ansprechpartner", die „zusammenspielen müssen", damit der Welterbeschutz „greift". Diese Gebiete können in einem Bundesland liegen, in mehreren Bundesländern oder sogar in mehreren Staaten."[314]

Die Komplexität der Schutzgüter verlangt also ein Ineinandergreifen verschiedener Schutzbestimmungen und Schutzmaßnahmen (iS eines Kumulationsprinzips). Diese können jedoch auch untereinander in Konflikt treten. Sie fordert auch eine strategische Abstimmung zwischen den Gebietskörperschaften je nach verfassungsmäßiger Zuständigkeit (iS von Querschnittsmaterien). Auch dies ist in der Praxis nicht immer einfach zu gewährleisten.

Als sich in österreichischen Welterbestätten die Konflikte häuften, wurde diese systembedingte Schwäche immer sichtbarer und die Gesetzgeber begannen, das Übereinkommen in österreichisches Recht durch Bestimmungen zu konkretisieren und zu flankieren:

2008 wurden erstmals die österreichischen Welterbestätten im Bundesgesetzblatt[315] innerstaatlich kundgemacht.[316] Darin angegeben sind der Name der Welterbestätte, die Nummer der Welterbekomitee-Entscheidung und das Jahr der Eintragung.[317]

---

314 *Ibid.*

315 Kundmachung des Bundeskanzlers betreffend das Kultur- und Naturerbe auf dem Gebiet der Republik Österreich, das in die Liste des Erbes der Welt aufgenommen wurde, BGBl III 94/2008 und BGBl III 105/2012.

316 Dazu auch *Schroeder/Schreuer* in *Reinisch* Rz 465 ff.

317 Nicht unmittelbar ersichtlich aus der Kundmachung sind die detaillierten Vertragsgegenstände (also der außergewöhnliche universelle Wert in der Begründung für die Aufnahme) und die genauen Zonierungen. Diese Informationen müssen über die Website der UNESCO bzw die Einreichdossiers abgefragt werden, wobei die Begründung bzw der außergewöhnliche universelle Wert dementsprechend nur auf Englisch ist und die Grenzen datenbedingt nicht immer ausreichend klar ersichtlich sind. Für die genaue Zonierung müsste das Einreichdossier konsultiert sowie nachgereichte erweiterte Informationen (clarifications of boundaries) herangezogen

2009 wurden die Welterbestätten – letztlich aufgrund eines von der Europäischen Kommission gegen Österreich geführten Vertragsverletzungsverfahrens[318] – im Bundesgesetz über die Prüfung der Umweltverträglichkeit (UVP-G 2000)[319] als *„besonderes Schutzgebiet"* in der Kategorie A im Anhang 2 gelistet. Der UVP-Anwendungsbereich ist durch die Vorhabenliste des Anhanges 1 und durch die Bestimmungen für Bundesstraßen und Hochleistungsstrecken in Abschnitt 3 festgelegt. In Anhang 1 sind insg 89 Vorhabentypen aus den Bereichen Abfall-, Energie-, Wasser-, Land- und Forstwirtschaft, Infrastruktur, Bergbau und Industrie gelistet. Unter den Vorhabentypen befinden sich beispielsweise *Städtebauvorhaben,* die Errichtung von *Einkaufszentren, Sportstadien, Gewerbe- oder Industrieparks, Parkhäusern* und *Beherbergungsbetrieben.* Angegeben sind auch die jeweiligen Schwellenwerte, also ab welchem Ausmaß die Durchführung einer UVP verpflichtend ist. Die Frage, ob sich aus der Einzelfallprüfung eine Notwendigkeit einer UVP ergibt, ist vom Schutzzweck abhängig.[320] Bei Welterbestätten ergibt sich dieser aus dem außergewöhnlichen universellen Wert, der in den Welterbekomitee-Entscheidungen anlässlich der Aufnahme festgehalten wird. Eine UVP ist damit dann bei Projekten angezeigt, wenn die besonderen Eigenschaften der Welterbestätte (also ihr außergewöhnlicher universeller Wert) erheblich beeinträchtigt werden.[321] Da aber UVP erst ab einem gewissen Schwellenwert durchzuführen sind, also vereinfacht gesagt nur bei Großvorhaben vorgesehen sind, führt dies nur bedingt zu einem Schutz.[322] Kleinere Bauvorhaben, die auch bzw speziell in Summe eine Welterbestätte negativ beeinträchtigen können, sind vom UVP-G nicht erfasst. Trotzdem ist derzeit die UVP – wie auch

---

werden. Dazu auch *Wieshaider,* Zum Schutz des universellen Kultur- und Naturerbes in Österreich 352.

318 Vertragsverletzungsverfahren Nr. 2006/2268 wegen nicht konformer Umsetzung der UVP-RL 85/337/EWG; Ministerialentwurf, Bundesgesetz, mit dem das Umweltverträglichkeitsprüfungsgesetz 2000 geändert wird (UVP-G-Novelle 2009), 26/ME XXIV. GP, Vorblatt und Erläuterungen; *Wieshaider,* Zum Schutz des universellen Kultur- und Naturerbes in Österreich 354.

319 Bundesgesetz über die Prüfung der Umweltverträglichkeit (Umweltverträglichkeitsprüfungsgesetz 2000 – UVP-G 2000), StF BGBl 697/1993 idF BGBl I 111/2017.

320 *Stangl,* Die UVP-Pflicht von Vorhaben in und um UNESCO-Welterbestätten, in Recht und Umwelt (2012) 62 ff.

321 *Ibid.*

322 Als Beispiel sei die Entscheidung LVwG Salzburg 4.7.2016, 405-3/9/1/22-2016 angeführt, bei der es um die Bebauung des Dr.-Franz-Rehrl-Platzes in der Welterbestätte Salzburg ging und bei der (ua) das Größenausmaß des geplanten Projektes nicht die UVP-G Schwellenwerte erreichte, um eine UVP auszulösen.

Wieshaider[323] anmerkt – „*im Bereich des Welterbeschutzes wohl das einzige umfassende rechtliche Schutzinstrument in Österreich*".

In Landesgesetzen findet das Welterbe explizit in der Niederösterreichischen Bauordnung (seit 2017), in den Altstadterhaltungsgesetzen von Graz (seit 2008) und von Salzburg (seit 2017), sowie im Salzburger Stadtrecht (seit 2009) Erwähnung. Die NÖ Bauordnung 2014[324] ordnet bei der Anordnung und äußeren Gestaltung von Bauwerken (§§ 49) die Berücksichtigung „*insbesondere von designierte(n) und eingetragene(n) Welterbestätten*"[325] zum Schutz des Ortsbildes (§ 56) an.[326] Im Grazer Altstadterhaltungsgesetz 2008[327] kommt es in § 1 (Ziel des Gesetzes), § 2 (Schutzgebiet) und § 3 (Evidenz des Baubestandes) vor. Demnach soll das Gesetz *einen Beitrag zur Erhaltung der Altstadt von Graz als UNESCO-Weltkulturerbe leisten* (§ 1), das *Welterbegebiet kann* in dem, dem Gesetz beigelegten Schutzzonen-Plan *ersichtlich gemacht werden* (§ 2)[328] und gemäß § 3 sind im Zusammenhang *mit dem Welterbe beschlossene Entwicklungsleitlinien zugänglich zu halten*. Im Salzburger Altstadterhaltungsgesetz 1980[329] findet das Welterbe mit der Novelle 2017 in § 1 Abs 1 (Allgemeine Bestimmungen) Erwähnung. Die hohe Stadtbaukunst der historisch bedeutsamen Altstadt wird darin gewürdigt, wobei die *Aufnahme in die UNESCO Welterbeliste die Verantwortung für diesen Stadtteil und dessen Umfeld noch unterstreicht*. Ferner wurden die Schutzzonen (§ 2) an die Welterbezone angepasst und sind damit deckungsgleich. Darüber hinaus enthält das Salzburger Stadtrecht 1966[330] einen § 3a „*Schutz des Weltkulturerbes der Stadt*". Demgemäß setzt sich die Stadt Salzburg als *Zielsetzung ihres Handelns den Schutz ihres Weltkulturerbes, insbesondere der Schutz der historisch bedeutsamen Altstadt sowie der das Stadtbild prägenden Stadtlandschaften*. Dem Schutz kommt demnach *ein vorrangiges öffentliches Interesse zu*.

---

323 *Wieshaider*, Zum Schutz des universellen Kultur- und Naturerbes in Österreich 354.
324 NÖ Bauordnung 2014 (NÖ BO 2014) StF LGBl 1/2015 idF 53/2018.
325 Ibid., § 56.
326 Zwar nicht explizit auf das UNESCO-Welterbe bezogen, aber zum Schutz und Erhalt der traditionellen Baukultur und der gewachsenen Orte tragen die Schutzzonen nach dem NÖ Raumordnunggesetz 2014 (NÖ ROG 2014) StF LGBl 3/2015 idF LGBl 65/2017 §§ 29–31 und insbesondere die „Wachauzonen" bei.
327 Grazer Altstadterhaltungsgesetz 2008 – GAEG 2008 StF LGBl 96/2008 idF 28/2015.
328 In der derzeitigen Fassung ist die Welterbezone nicht mittels Kennzeichnung ersichtlich gemacht worden.
329 Salzburger Altstadterhaltungsgesetz 1980 StF LGBl 50/1980 idF 8/2017.
330 Salzburger Stadtrecht 1966 StF LGBL 47/1966 idF 19/2016.

Mit Verordnung der Burgenländischen Landesregierung vom 29. November 2011 wurde das Landesentwicklungsprogramm Burgenland-LEP 2011[331] erlassen. Im Kapitel *Standörtliche und Zonale Festlegungen* widmet sich ein Unterkapitel dem Welterbe. Darin wird das Welterbegebiet mit seinen Grenzen und Zonen ausgewiesen und allgemein bestimmt, dass besondere landschaftliche, kulturlandschaftliche, baukulturelle und architektonische Ansprüche zu erfüllen sind.

Die Niederösterreichische Landesregierung erklärte mit Verordnung über die Landschaftsschutzgebiete[332] die Region um die Semeringeisenbahn ('Rax-Schneeberg') und die Wachau ('Wachau und Umgebung') neben 27 anderen Regionen als Landschaftsschutzgebiete (§ 2 Abs 12 und 17). Diese haben den Schutzzweck die charakteristisch gestaltete Kulturlandschaft und den natürlichen Lebensraum zu erhalten und landschaftsästhetisch negative Einflüsse hintanzusetzen. Ferner beschloss die NÖ Landesregierung am 14. September 2004 auf Grundlage des Niederösterreichischen Raumordnungsgesetzes[333] die „Strategie Niederösterreich. Landesentwicklungskonzept".[334] Darin wird die Bedeutung der Welterberegionen Wachau und Semmeringbahn an mehreren Stellen betont, ohne jedoch näher auf die Welterbestätten einzugehen.[335]

Die Verordnung der Oberösterreichischen Landesregierung betreffend das Oö Landesraumordnungsprogramm 2017[336] sieht die ‚Welterberegion Hallstatt – Dachstein' als ländlichen Stabilisierungsraum und die ‚Salzkammergut – Welterberegion' als Raum mit touristischem Landschaftspotenzial (§ 6) vor und definiert Ziele und Maßnahmen zum Erhalt des charakteristischen Landschaftsbildes.

Der Wiener Gemeinderat beschloss Leitlinien für Hochhausbauten iS von strategischen Steuerungsinstrumenten, in dem die Welterbezonen ausdrücklich

---

331 Verordnung der Burgenländischen Landesregierung vom 29. November 2011, mit der das Landesentwicklungsprogramm 2011 erlassen wird (LEP 2011) LGBl 71/2011.

332 Verordnung über die Landschaftsschutzgebiete StF LGBl 5500/35-0 idF 5500/35–10.

333 NÖ Raumordnungsgesetz 2014 (NÖ ROG 2014) idF LGBl 71/2018; §§ 3 und 12 führt Raumordnungs- und Entwicklungskonzepte als Möglichkeiten der Raumordnung an.

334 *Amt der NÖ Landesregierung*, Gruppe Raumordnung, Umwelt und Verkehr – Abteilung Raumordnung und Regionalpolitik, Strategie Niederösterreich. Landesentwicklungskonzept (2004), http://www.noe.gv.at/noe/Raumordnung/Das-NOE-Landesentwicklungskonzept.html (abgefragt am 11.9.2018). Die Strategie wird derzeit überarbeitet.

335 *Ibid.*, 55, 110, 111.

336 Verordnung der Oberösterreichischen Landesregierung betreffend das Oö Landesraumordnungsprogramm 2017 (Oö LAROP 2017) LGBl 21/2017.

ausgewiesen werden: Die Leitlinien „Hochhäuser in Wien",[337] im Rahmen der „Städtebaulichen Leitlinien 2001" sahen die Welterbezone als *„Ausschlusszone"* für Hochhausbauten vor. Im Nachfolgekonzept, dem „Hochhaus-Fachkonzept. Strategien zur Planung und Beurteilung von Hochhausprojekten"[338] als Teil des Stadtentwicklungsplans STEP 2025, das am 19. Dezember 2014 vom Gemeinderat beschlossen wurde, ist die Welterbezone (nur mehr) als *„Zone mit erhöhter Aufmerksamkeit"* ausgewiesen. Ferner fordert das Fachkonzept, dass in der Phase I der Planung die *Verträglichkeit* mit den *Schutzzonen, dem Welterbe und den Sichtachsen hergestellt werden soll.*[339] Diese Ausweisung der Welterbezone stellt somit eine Lockerung des Schutzes dar. Anzumerken ist, dass solche örtlichen Entwicklungskonzepte (trotz ihrer Legitimation durch Landesgesetzgeber oder -regierung) grundsätzlich nicht normativ sind.[340] Ihnen kommt jedoch als Leitlinien und Handlungsrahmen der Verwaltung erhebliche praktische Bedeutung zu, da sie mittelbar Wirkung haben und beispielsweise in Bescheiden und Planungsverfahren Berücksichtigung finden. In der Wiener Bauordnung,[341] die die gesetzliche Grundlage für die Stadtentwicklung, Stadtplanung und Bebauung bildet und damit entscheidend den beiden in Wien liegenden Welterbestätten

---

337 *Magistratsabteilung 18,* Stadtentwicklung Wien, Hochhäuser in Wien. Städtebauliche Leitlinien (2002); https://www.wien.gv.at/stadtentwicklung/strategien/ und https://www.wien.gv.at/stadtentwicklung/grundlagen/hochhauskonzept/leitlinien-2001/index.html (abgefragt am 13.10.2018).

338 *Magistratsabteilung 21* – Stadtteilplanung und Flächennutzung, Fachkonzept Hochhäuser. Strategien zur Planung und Beurteilung von Hochhausprojekten, von der Stadtentwicklungskommission am 11. November 2014 zur Kenntnis genommen und vom Wiener Gemeinderat am 19. Dezember 2014 beschlossen, sowie *„Resolution über Schutz und Entwicklung des historischen Stadtzentrums der Stadt Wien",* am 5. Mai 2017 vom Gemeinderat verabschiedet.

339 *Magistratsabteilung 21* – Fachkonzept Hochhäuser. Strategien zur Planung und Beurteilung von Hochhausprojekten 16 f, 42 und 44 f.

340 *Leitl,* Überörtliche und örtliche Raumplanung, in *Hauer/Nußbaumer* (Hrsg.), Österreichisches Raum- und Fachplanungsrecht (2006) 113: Wo Raumordnungsvorschriften es vorsehen, sind örtliche Entwicklungskonzepte als Verordnungen zu erlassen. *„Fehlt diese ausdrückliche Festlegung, nimmt der VfGH den Charakter eines nicht unmittelbar normativen Planungsinstruments an, das von Gemeinderat zu beschließen ist".* Ebenso VfSlg 17.977/2006, 17.815/2006. Ob dem Wiener Stadtentwicklungsplan STEP 2025 mit seinen Fachkonzepten trotzdem normativer Gehalt aufgrund seines Inhalts zukommen könnte, kann nicht ausgeschlossen werden. Eine eingehendere Behandlung würde aber den Rahmen dieser Arbeit sprengen.

341 Wiener Stadtentwicklungs-, Stadtplanungs- und Baugesetzbuch (Bauordnung für Wien – BO für Wien) StF LGBl 30/1930 idF 37/2018.

(Historisches Zentrum und Schönbrunn) Schutz bieten könnte, ist keine explizite Regelung enthalten. Hier müssen insb die Bestimmungen zu den Schutzzonen (§ 7) das Welterbe mitschützen.

Auch wenn in den letzten Jahren grundsätzlich[342] ein positiver Trend der „speziellen Transformation" zu verzeichnen ist, kann von einer umfassenden Konkretisierung des Übereinkommens im nationalen Recht trotz allem noch nicht die Rede sein, bedenkt man die Anzahl der Welterbestätten und die Vielzahl spezieller gesetzlicher Regelungen, die zum Schutz der Welterbestätten beitragen. So auch *Wieshaider: „Der Befund für die geltende Rechtslage ist [...] nicht negativ, fällt aber insgesamt doch eher dürftig aus"*.[343]

Das Problem bleibt damit weiterhin, dass es keine spezifischen bundesgesetzlichen und/oder landesgesetzlichen Regelungen gibt, die die Welterbestätten umfassend schützen. Bei Normkollisionen sind keine Sonderregeln anzuwenden, sondern die allgemeinen Grundsätze. Demnach derogieren speziellere und jüngere gesetzliche Bestimmungen gleichen Ranges dem im einfachen Gesetzesrang stehenden Welterbe-Übereinkommen.[344] Hinzu kommt, dass das Übereinkommen bei den Bestimmungen zum nationalen Schutz (Art 4 und 5) aufgrund genereller Rechtsnormen wenig ausreichend determiniert ist. Somit kann das Übereinkommen im rechtlichen Konfliktfall kaum bis keine unmittelbare Wirkung entfalten, wovon auch die bisherige Rechtsprechung zeugt.

Anders ausgedrückt: Die Einordnung des Übereinkommens in das österreichische Recht gemäß Art. 50 Abs 1 und 2 B-VG als gesetzesändernder bzw gesetzesergänzender und als unmittelbar anwendbarer Staatsvertrag (*self-executing*) bewirkt formell zwar die volle Rechtswirksamkeit des Übereinkommens im innerstaatlichen Recht, führt aber im Ergebnis mangels unmittelbarer Anwendbarkeit seiner Bestimmungen dazu, dass es vor nationalen Verwaltungsbehörden und Gerichten nicht durchgesetzt werden kann.

5.3 Rechtsprechung

Die begrenzte unmittelbare Rechtswirksamkeit des Übereinkommens wird auch von der bisherigen österreichischen Rechtsprechung bestätigt. Welterbestätten sind – im Verhältnis zu den Konflikten – selten Gegenstand in Gerichtsentscheidungen. Es gibt lediglich einige wenige Fälle bei denen sich meist die

---

342 Mit Ausnahme in Wien, wo in Bezug auf Hochhausbauten die Welterbezone von einer „*Ausschlußzone*" zu einer „*Zone mit erhöhter Aufmerksamkeit*" umgewandelt wurde.

343 *Wieshaider*, Zum Schutz des universellen Kultur- und Naturerbes in Österreich 352.

344 Siehe dazu *Grabenwarter* in *Reinisch* Rz 552 ff.

beschwerdeführende Partei auf das Übereinkommen (als eines von mehreren Argumenten) gegen einen Bau beruft.[345]

Das aufsehenerregendste Verfahren war das Verwaltungsverfahren im Zusammenhang mit dem *„Semmering-Basistunnel neu"*, das Verwaltungsgerichte und den Verwaltungsgerichtshof beschäftigte.[346] Zusammengefasst ging es dabei um Beschwerden (ua) einer Umwelt-NGO gegen Bescheide zur Verwirklichung des *„Semmering-Basistunnels neu".* Die beschwerdeführende Partei brachte dabei Beeinträchtigungen der Natur, Gewässer und Trinkwasserversorgung, Gefahren durch Uranvererzung im Stollenbetrieb, Lärmbelastung und Gefährdung des Eigentums vor und sah gravierende Eingriffe in die mehrfach geschützte Semmering Region (Natura 2000-Gebiet, Quellschutzgebiet, Landschaftsschutzgebiet, UNESCO-Welterbe). In Bezug auf das Welterbe berief sie sich auf die negativen Auswirkungen, die der Tunnelbau für die Welterbestätte *Semmeringbahn* und die umgebende Kulturlandschaft hätte, und sah eine Verletzung der von der Republik eingegangenen völkerrechtlichen Verpflichtung zum Schutz und zum Erhalt der Welterbestätte auf seinem Hoheitsgebiet.

Der VwGH stufte die Bestimmungen des Welterbe-Übereinkommens als *„Umweltschutzvorschrift"* iS des § 24f Abs 8 UVP-G 2000 ein und bejahte die Parteistellung der Beschwerdeführerin, um die Einhaltung der Bestimmungen im Welterbe-Übereinkommen im Verfahren geltend zu machen. Das Höchstgericht begründete dies mit dem herrschenden Verständnis eines weiten Begriffs der *„Umweltschutzvorschrift"*, mit dem Zweck des Welterbe-Übereinkommens und schließlich damit, dass Welterbestätten als besonders schutzwürdige Gebiete im UVP-G gelistet sind.[347] Der VwGH verneinte jedoch die Rechtswidrigkeit des angefochtenen Bescheids: Aus dem Übereinkommen, speziell aus den Art 4 und 5, sei keine völkerrechtliche Verpflichtung zur Erhaltung eines in die Liste aufgenommenen Kultur- oder Naturerbes ableitbar, die der Erlassung des bekämpften Bescheids entgegenstünde. Ein gesetzliches Verbot ließe sich nicht aus dem Übereinkommen ableiten.[348] Darüber hinaus wurde festgehalten, dass die umgebende Landschaft – auf die sich die Beschwerdeführerin in ihrer Gefährdungsbehauptung hauptsächlich

---

345 Berücksichtigt werden nur solche Entscheidungen, in denen das Übereinkommen als Rechtsargument ein relevantes Ausmaß besitzt und nicht nur zufällig tangiert wird.
346 VwGH 3.10.2013, 2012/09/0075; VwGH 19.12.2013, 2011/03/0160, 0162, 0164, 0165; und insb BVwG 21.5.2015, W 102 2012860-1; VwGH 17.11.2015, 2015/03/0058.
347 VwGH 19.12.2013, 2011/03/0160, 0162, 0164, 0165 Rz 9.3 ff.
348 Ibid.; siehe auch Kapitel 4.1.1.5.

bezog – nicht Teil der Welterbestätte sei. Gutachten und Fachexpertisen hätten ebenso ergeben, dass mit dem Tunnelbau keine Gefährdung der Welterbestätte *„Semmeringeisenbahn"* verbunden sei.[349]

Ebenfalls zum *„Semmering-Basistunnel neu"* brachte der gleiche Beschwerdeführer eine Beschwerde[350] gegen einen Bescheid des BMUKK[351] betreffend Antrag zur Bewilligung der Zerstörung oder Veränderung von Denkmalen gemäß § 5 DMSG ein. Die beschwerdeführende Partei sah sich *im Recht verletzt, dass nicht entgegen der Bestimmung des § 5 DMSG bzw nicht entgegen Art 4 und 5 der UNESCO-Welterbekonvention die Bewilligung für Eingriffe in ein nach der Konvention geschütztes Weltkulturerbe erteilt wurde.*[352] Der VwGH wies in diesem Fall die Beschwerde zurück, mit der Begründung, dass nach § 19 Abs 10 UVP-G keine Parteienstellung der beschwerdeführenden Umweltorganisation vorliege und dass auch das Welterbe-Übereinkommen, das die *Semmeringbahn gemäß seiner Art 4 und 5 als Weltkulturerbe schütze,* nichts ändere. Aus den Art 4 und 5 des Welterbe-Übereinkommens könne *„niemand ein subjektives Recht ableiten, da diese nicht self-executing sind und nur Verpflichtungen der Mitgliedstaaten normieren",* so das Gericht.[353]

Im gleichen Sinne, aber zu einem anderen Sachverhalt, wies das BVwG[354] auch eine Beschwerde gegen ein *Schreiben* des BMUKK, das vom Beschwerdeführer als *„Bescheid"* erachtet wurde, zurück, worin dieser einen *„Antrag"* stellte, den Ladensockel im Parterre eines Hauses für die UNESCO-Welterbeliste zu nominieren. Das Gericht begründete die Zurückweisung ua damit, dass das Welterbe-Übereinkommen weder ein Antragsrecht noch eine Parteienstellung von natürlichen Personen vorsehe.

In einem anderen Verwaltungsverfahren, das vom LVwG Salzburg[355] entschieden wurde, ging es um Nachbarbeschwerden in Bezug auf die baubehördliche Bewilligung für die Neuerrichtung eines Wohngebäudes mit Gewerbenutzung und Tiefgarage auf der Liegenschaft Dr.-Franz-Rehrl-Platz 4 und 4a in Salzburg Stadt. Die beschwerdeführenden Nachbarn führten als Beschwerdepunkte eine UVP-Pflicht (und damit auch eine Unzuständigkeit der Baubehörde), eine

---

349 VwGH 17.11.2015, 2015/03/0058 Rz 5.2.11.
350 VwGH 3.10.2013, 2012/09/0075.
351 Bundesministerium für Unterricht, Kunst und Kultur.
352 VwGH 3.10.2013, 2012/09/0075, 5.
353 Ibid., 6.
354 BVwG 20.8.2014, W1952010422-1.
355 LVwG Salzburg 4.7.2016, 405-3/9/1/22-2016.

Unverträglichkeit mit dem Stadtbild und Stadtgefüge (und damit Missachtung der UNESCO Vorgaben), die Widmungswidrigkeit des Bauvorhabens und eine Gesetzeswidrigkeit des Bebauungsplanes, sowie (ua) unzulässige Beeinträchtigungen und Belästigungen durch Lärmemissionen, Schallemissionen, Luftschadstoffbelastungen, Unterschreitung des gesetzlichen Nachbarkeitsabstandes und Beeinträchtigung der Beleuchtung und Besonnung an. Die beschwerdeführenden Parteien beantragten, den angefochtenen Bescheid aufzuheben und gemäß § 3 Abs 7 UVP-G 2000 festzustellen, ob das Verfahrensprojekt einem Genehmigungsverfahren nach dem UVP-G zu unterziehen sei. Begründend führten sie in Bezug auf das Welterbe insb an, dass das Bauvorhaben *innerhalb der Welterbezone liege* und damit als *besonderes Schutzgebiet* in das UVP-G falle. Daneben brachten sie vor, dass das *optische Gesamtbild, die Architektur und das historische Stadtbild* durch das Verfahrensprojekt *beeinträchtigt* seien und das Bauvorhaben daher *erhebliche Auswirkungen auf die Umwelt, einschließlich den Welterbestatus habe.*[356] Ebenso sei der Bebauungsplan unvereinbar mit dem Charakter der Welterbestätte. Die Behörde habe die Vorgaben der *UNESCO/des Welterbekomitees missachtet*, was eine *nicht korrekte rechtstaatliche Abführung des Verfahrens* zur Folge habe. Demnach sei das Beschwerdeverfahren auch zu unterbrechen und eine ergänzende Stellungnahme durch die UNESCO einzuholen.

In Bezug auf die UVP-Pflicht bestätigte das LVwG zwar, dass der überwiegende Teil des gegenständlichen Bauvorhabens innerhalb der Welterbezone liegt und somit vom UVP-G erfasst ist. Es stellte aber fest, dass das Ausmaß der geplanten Handelsbetriebe geringer ist als die im UVP-G festgelegten Schwellenwerte. Damit bestehe keine UVP-Pflicht, weshalb auch keine Unzuständigkeit der Baubehörde zu erkennen ist. Die Beschwerde hinsichtlich des Nicht-Eingehens auf die UNESCO Vorgaben wies das Verwaltungsgericht ebenfalls zurück, da hierfür keine *„subjektiv öffentlichen Nachbarrechte"* bestünden. Es verwies allgemein darauf, dass sich *„[k]eine subjektiv öffentliche Nachbarrechte [...] aus den Vorschriften über die Beachtung des Orts-, Stadt- oder Landschaftsbildes, auf Beibehaltung der Eigenart der Umgebung und des Siedlungscharakters oder des Denkmalschutzes [ergeben]"* und verwies dabei auf ältere Gerichtsentscheidungen.[357] Der Unterbrechungsantrag zur Einholung einer weiteren Stellungnahme der UNESCO wurde in diesem Sinne ebenso abgewiesen.[358]

---

356 LVwG Salzburg 4.7.2016, 405-3/9/1/22-2016, 9 f.
357 Ibid., 21.
358 Ibid., 23.

Lediglich in einem weiteren Verfahren[359] stützte sich der VwGH in seiner Entscheidung auf das Welterbe. Eine Beschwerde gegen einen Bescheid betreffend Unterschutzstellung nach dem DMSG wies der VwGH zurück. Es begründete dies (ua) mit dem Welterbestatus der Grazer Altstadt:

> *„Des Weiteren sei auf die allgemein bekannte Tatsache verwiesen, dass die Grazer Altstadt mit all ihren unterschiedlichen Objekten in die Liste des UNESCO-Welterbes aufgenommen wurde, wodurch klar zum Ausdruck kommt, dass dieser Altstadt als solcher (wenn auch sicherlich nicht für jedes einzelne Objekt davon) sogar überregionale Bedeutung von internationalem Rang bescheinigt wird."*[360]

Auch wenn man nicht sagen kann, dass das Übereinkommen ausreichend ausjudiziert ist, sind aus den bisher vorhandenen Entscheidungen österreichischer Gerichte einschließlich des Höchstgerichts rechtserhebliche Schlussfolgerungen zu ziehen:

1) Aus dem Welterbe-Übereinkommen sind keine subjektiven Rechte ableitbar. Einzelne können damit grundsätzlich nicht die Einhaltung von Vorgaben der UNESCO einfordern. Begründet wird dies mit dem völkerrechtlichen Charakter des Übereinkommens und damit, dass die relevanten Bestimmungen nicht ausreichend bestimmt und damit nicht *self-executing* sind. (So VwGH 3.10.2013, 2012/09/0075; BVwG 20.8.2014, W1952010422-1; LVwG Salzburg 4.7.2016, 405-3/9/1/22-2016)

2) Das Übereinkommen ist als *„Umweltschutzvorschrift"* iS des § 24f Abs 8 UVP-G einzustufen. Begründet wird dies zum einen mit dem weiten Verständnis des Begriffs Umweltschutzvorschrift und diesbezüglicher älterer Rechtsprechung, zum anderen mit dem Zweck des Welterbe-Übereinkommens und schließlich mit dem Umstand, dass die Welterbestätten als besonders schutzwürdige Gebiete im UVP-G klassifiziert sind. (So VwGH 19.12.2013, 2011/03/0160, 0162, 0164, 0165)
Der Rechtsstreit LVwG Salzburg 405-3/9/1/22-2016 zeigt jedoch auch, dass das UVP-G als Schutzinstrument für Welterbestätten dort seine Grenzen hat, wo Schwellenwerte nicht erreicht werden.

3) Die Art 4 und 5 des Welterbe-Übereinkommens, die die nationale Verpflichtung zum Schutz normieren, werden im Grunde als zu wenig bestimmt und

---

359 VwGH 20.11.2001, 2001/09/0072.
360 VwGH 20.11.2001, 2001/09/0072.

zu wenig weitreichend eingestuft, als dass ein Verbot abzuleiten ist, einen (Bau-)Bescheid zu erlassen oder als dass dieser wegen Rechtswidrigkeit aufzuheben ist. (So VwGH 19.12.2013, 2011/03/0160, 0162, 0164, 0165; darauf Bezug nehmend VwGH 17.11.2015, 2015/03/0058)

Die Auslegung von Art 4 und 5 im Erkenntnis VwGH 2011/03/0160, 0162, 0164, 0165 (und VwGH 2015/03/0058) ist zwar grundsätzlich nachvollziehbar, aber sie birgt auch die Gefahr, dass daraus der allgemeine Schluss gezogen wird und letztlich eine Rechtsmeinung entsteht, dass der nationale Schutz im Übereinkommen bloß eine völkerrechtliche Vorgabe ohne (Rechts-)Pflichten sei. Nachvollziehbar ist, dass das Übereinkommen, das als Völkerrecht konzipiert und in nationales Recht bloß generell transformiert wurde, in einem konkreten Verwaltungsverfahren nur weniger bestimmt und weniger weitreichend sein kann als eine Bauordnung oder Verordnung. Die Auslegung spiegelt aber auch eine Interpretation des Übereineinkommens wider, die lange Zeit vorherrschte und von einer oberflächlichen Betrachtung geprägt war.[361] Bedingt durch neue Entwicklungen[362] bei der Anwendung des Übereinkommens und durch die vermehrte akademische Auseinandersetzung mit dem Thema, setzte in den letzten Jahren ein Wandel ein. Neuere wissenschaftliche Untersuchungen kommen – wie auch diese Arbeit – vielmehr zum Ergebnis, dass das Welterbe-Übereinkommen beim innerstaatlichen Schutz gemäß seinen Bestimmungen in Art 4 und 5 normativen Charakter besitzt und eine grundsätzliche völkerrechtliche Verpflichtung zum nationalen Schutz normiert (also nicht nur unverbindliche Vorgaben sind). Am sichtbarsten wird diese Auslegung bei der ständigen und übereinstimmenden internationalen Vertragsanwendung über das zwischenstaatliche Komitee. Auch das Beispiel der Rechtsprechung in Deutschland zeigt, dass ein Wandel in der Interpretation des Welterbe-Übereinkommens eingesetzt hat: Seit dem Brückenstreit im Dresdner Elbtal, der bis zum Bundesverfassungsgericht ging und zu einer verstärkten Beschäftigung mit der Bindungswirkung des Übereinkommens

---

361 Der Wortlaut von Art 4 und 5 im Vergleich zu Art 6, die (unpräzise) deutsche Übersetzung des Übereinkommens, sowie die (nicht ganz schlüssigen) Ausführungen in der Regierungsvorlage legten dies nahe. Näheres dazu siehe Kapitel 4.1.

362 Wie beispielsweise Streichungen von Stätten von der Welterbeliste oder das Setzen von Stätten auf die Liste des gefährdeten Welterbes.

führte, ändert sich die Rechtsprechung und das Übereinkommen findet vermehrt Berücksichtigung bzw wird nationales Recht im Lichte des Völkerrechts ausgelegt.[363]

Was also die Rechtsprechung des VwGH zeigt, ist ein bestehendes Fazit: Die innerstaatliche Schutz- und Erhaltungspflicht, eine Grundvoraussetzung im Übereinkommen, kann ohne nähere Konkretisierung im nationalen Recht wenig normative Wirkung entfalten bzw besteht in Österreich noch keine herrschende Meinung, auf die sich die Rechtsprechung stützen könnte. Damit wird auch hier die Dringlichkeit einer Konkretisierung des Übereinkommens im österreichischen Recht sichtbar.

5.4 Zusammenfassung

Österreich ist mit der Geschichte des Welterbe Übereineinkommens eng verbunden: Der im BDA tätige Dr. Hans Foramitti war einer jener 14 ad personam Experten, die erste Empfehlungen formulierten; die Österreicherin Anne Raidl gestaltete im UNESCO-Sekretariat das Übereinkommen entscheidend mit und aus.[364] Zwar ratifizierte Österreich das Übereinkommen erst zwanzig Jahre nach seiner Verabschiedung, aber davor nahm es auch schon an Vertragsstaaten-Konferenzen teil[365] und leistete jahrelang einen freiwilligen Beitrag zum Welterbefonds.[366]

5.4.1 Ratifizierung

Das Übereinkommen wurde als gesetzesändernder und gesetzesergänzender Staatsvertrag durch den Nationalrat gemäß Art 50 Abs 1 B-VG am 12. November 1992 genehmigt. Aufgrund der im Übereinkommen enthaltenen Bestimmungen zum selbstständigen Wirkungsbereich der Länder erteilte der Bundesrat am 19. November 1992 seine Zustimmung. Wie der Regierungsvorlage zu entnehmen ist, meinte der österreichische Gesetzgeber, dass das Übereinkommen der unmittelbaren Anwendung im innerstaatlichen Rechtsbereich zugänglich

---

363 Näheres dazu siehe Kapitel 4.1 und hier insb 4.1.1.4, 4.1.1.6 und 4.1.1.8.

364 *Cameron/Rössler*, Many Voices, One Vision: The Early Years of the World Heritage Convention 27 ff, 45 ff, 120, 199, 281.

365 ZB bei der 1. Vertragsstaatenkonferenz 1976 in Nairobi, UNESCO Doc SHS/76/conf.014/COL.9 Annex II List of Participants, Summary Record General Assembly of States Parties to the Convention Concerning the Protection of the World Cultural and Natural Heritage, Nairobi, 26 November 1976.

366 ErläutRV 644 BlgNR XVIII. GP 23.

ist, sodass ein Erlassen von Gesetzen gemäß Art 50 Abs 2 B-VG nicht erforderlich ist (*self-executing* Charakter). Mit Kundmachung im BGBl 60/1993 und Inkrafttreten am 18. März 1993, drei Monate nach Hinterlegung der Ratifizierungsurkunde bei der UNESCO, wurde das Übereinkommen innerstaatlich geltend und unmittelbar anwendbar.

5.4.2 Rechtsumsetzung

Als völkerrechtlicher Vertrag berechtigt und verpflichtet das Übereinkommen nur die Republik Österreich. Subjektive Rechte können aus dem Übereinkommen nicht abgeleitet werden. Daran ändert auch die erfolgte (generelle) Transformation in nationales Recht nichts, da das Übereinkommen selbst keine subjektiven Rechte vorsieht und der Vertragstext darüber hinaus auch nicht ausreichend bestimmt ist.[367] Das Übereinkommen wurde als gesetzesändernder bzw gesetzesergänzender Staatsvertrag gemäß Art 50 Abs 1 B-VG verfassungskonform abgeschlossen. Demnach steht das Übereinkommen im Rang von einfachen Gesetzen.[368] Die Kompetenzverteilung zwischen Bund und Ländern und der selbstständige Wirkungsbereich der Gemeinden bleiben damit auch unberührt. Je nach Kultur- und Naturerbestätte fällt der Schutz und Erhalt damit entweder in Bundes- und/oder Landeskompetenz und/oder in Gemeindezuständigkeit. Meistens ist jedoch eine strategische Abstimmung nötig. Das „Welterberecht" ist damit als Querschnittsmaterie zu klassifizieren.

Das Übereinkommen wurde ohne Erfüllungsvorbehalt abgeschlossen. Wie aus den Gesetzesmaterialien hervorgeht, war man der Ansicht, dass der Norminhalt des Übereinkommens so formuliert ist, dass die innerstaatlichen Vollzugsorgane die Bestimmungen ohne Weiteres anwenden können und dass sämtliche Tatbestände bereits in innerstaatlichen Rechtsvorschriften geregelt sind.[369] Man ging weiterhin davon aus, dass es sich beim Vertragsgegenstand (Kultur- und Naturerbe nach Art 1 und 2) überwiegend um Kompetenzbestände des Denkmalschutzes und des Naturschutzes handeln wird und es zu einer Konzentrierung auf relativ wenige Güter und Objekte kommen wird.[370] Es erfolgte somit

---

367 Allgemein *Binder/Trauner* Öffentliches Recht – Grundlagen. Lehrbuch Rz 715; siehe dazu auch Entscheidung BVwG 20.8.2014, W1952010422-1.
368 *Grabenwarter* in *Reinisch* Rz 553; *Öhlinger/Eberhard* Rz 121.
369 ErläutRV 644 BlgNR XVIII. GP 24.
370 Ibid., 26.

eine generelle Transformation des Übereinkommens in österreichisches Recht. Damit sind die bestehenden österreichischen Rechtsnormen in Geltung und anzuwenden.[371]

Wie sich jedoch im Laufe der Vertragsanwendung zeigte, können weder die ursprünglich angenommenen Hauptregelungen den Welterbeschutz vollständig gewährleisten, noch regeln die bestehenden österreichischen Gesetze und Rechtsvorschriften alle Welterbe relevanten Tatbestände.

Als sich auch in österreichischen Welterbestätten die Konflikte häuften, begann der Gesetzgeber seiner Verpflichtung durch Konkretisierung von und Inkorporierung in bestehende Regelungen nachzukommen:

- 2008 wurden erstmals die österreichischen Welterbestätten innerstaatlich im Bundesgesetzblatt[372] kundgemacht;
- 2009 wurden die Welterbestätten im Bundesgesetz über die Prüfung der Umweltverträglichkeit (UVP-G 2000)[373] als *„besonderes Schutzgebiet"* in der Kategorie A im Anhang 2 gelistet;
- in Landesgesetzen findet das Welterbe in der NÖ Bauordnung[374] (seit 2017), in den Altstadterhaltungsgesetzen von Graz[375] (seit 2008) und von Salzburg[376] (seit 2017) sowie im Salzburger Stadtrecht[377] (seit 2009) Erwähnung;
- 2011 erließ die Burgenländische Landesregierung mit Verordnung das Landesentwicklungsprogramm Burgenland-LEP 2011,[378] indem sich ein Unterkapitel dem Welterbe *„Fertö-Neusiedler See"* widmet;

---

371 Allgemein *Grabenwarter* in *Reinisch* Rz 535; *Öhlinger/Eberhard* Rz 119; *Öhlinger,* Art 50 B-VG, in *Korinek/Holoubek* Rz 25 ff; und konkret zum Welterbe-Übereinkommen *Perthold-Stoitzner,* Das Übereinkommen zum Schutz des Kultur- und Naturerbes der Welt aus völkerrechtlicher und innerstaatlicher Sicht 115.

372 Kundmachung des Bundeskanzlers betreffend das Kultur- und Naturerbe auf dem Gebiet der Republik Österreich, das in die Liste des Erbes der Welt aufgenommen wurde, BGBl III 94/2008 und BGBl III 105/2012.

373 Bundesgesetz über die Prüfung der Umweltverträglichkeit (Umweltverträglichkeitsprüfungsgesetz 2000 – UVP-G 2000), StF BGBl 697/1993 idF BGBl I 111/2017.

374 NÖ Bauordnung 2014 (NÖ BO 2014) StF LGBl 1/2015 idF 53/2018.

375 Grazer Altstadterhaltungsgesetz 2008 – GAEG 2008 StF LGBl 96/2008 idF 28/2015.

376 Salzburger Altstadterhaltungsgesetz 1980 StF LGBl 50/1980 idF 8/2017.

377 Salzburger Stadtrecht 1966 StF LGBL 47/1966 idF 19/2016.

378 Verordnung der Burgenländischen Landesregierung vom 29. November 2011, mit der das Landesentwicklungsprogramm 2011 erlassen wird (LEP 2011) LGBl 71/2011.

- in dem NÖ Landesentwicklungskonzept,[379] das 2004 von der Niederösterreichischen Landesregierung beschlossen wurde, wird an mehreren Stellen die Bedeutung der Welterberegionen *Wachau* und *Semmeringeisenbahn* betont, ohne jedoch näher darauf einzugehen. Ferner erklärte die NÖ Landesregierung mit Verordnung[380] die Region um die Semeringeisenbahn ('Rax-Schneeberg') und die Wachau ('Wachau und Umgebung') als Landschaftsschutzgebiete;
- die Verordnung der Oö Landesregierung betreffend das Oö Landesraumordnungsprogramm 2017[381] sieht die 'Welterberegion Hallstatt – Dachstein' als ländlichen Stabilisierungsraum und die 'Salzkammergut – Welterberegion' als Raum mit touristischem Landschaftspotenzial vor;
- in den von der Stadt Wien entwickelten und vom Gemeinderat beschlossenen Leitlinien zu Hochausbauten[382] ist die Welterbezone explizit ausgewiesen: In den Leitlinien „Hochhäuser in Wien" im Rahmen der „Städtebaulichen Leitlinien 2001"[383] galt die Welterbezone als „*Ausschlusszone*"; im Nachfolgekonzept, dem „Hochhaus-Fachkonzept"[384] von 2014 als Teil des

---

379 *Amt der NÖ Landesregierung*, Gruppe Raumordnung, Umwelt und Verkehr – Abteilung Raumordnung und Regionalpolitik, Strategie Niederösterreich. Landesentwicklungskonzept (2004) 55, 110, 111.

380 Verordnung über die Landschaftsschutzgebiete StF LGBl 5500/35-0 idF 5500/35-10.

381 Verordnung der Oberösterreichischen Landesregierung betreffend das Oö Landesraumordnungsprogramm 2017 (Oö LAROP 2017) LGBl 21/2017.

382 *Leitl*, Überörtliche und örtliche Raumplanung, in *Hauer/Nußbaumer* (Hrsg.), Österreichisches Raum- und Fachplanungsrecht (2006) 113: Wo Raumordnungsvorschriften es vorsehen, sind örtliche Entwicklungskonzepte als Verordnungen zu erlassen. „*Fehlt diese ausdrückliche Festlegung, nimmt der VfGH den Charakter eines nicht unmittelbar normativen Planungsinstruments an, das von Gemeinderat zu beschließen ist*". Ebenso VfSlg 17.977/2006, 17.815/2006. Ob dem Wiener Stadtentwicklungsplan STEP 2025 mit seinen Fachkonzepten trotzdem normativer Gehalt aufgrund seines Inhalts zukommen könnte, kann nicht ausgeschlossen werden. Eine eingehendere Behandlung würde aber den Rahmen dieser Arbeit sprengen.

383 *Magistratsabteilung 18*, Stadtentwicklung Wien, Hochhäuser in Wien. Städtebauliche Leitlinien (2002); https://www.wien.gv.at/stadtentwicklung/strategien/ und https://www.wien.gv.at/stadtentwicklung/grundlagen/hochhauskonzept/leitlinien-2001/index.html (abgefragt am 13.10.2018).

384 *Magistratsabteilung 21* – Stadtteilplanung und Flächennutzung, Fachkonzept Hochhäuser. Strategien zur Planung und Beurteilung von Hochhausprojekten, von der Stadtentwicklungskommission am 11. November 2014 zur Kenntnis genommen und vom Wiener Gemeinderat am 19. Dezember 2014 beschlossen, sowie „*Resolution über Schutz und Entwicklung des historischen Stadtzentrums der Stadt Wien*", am 5. Mai 2017 vom Gemeinderat verabschiedet.

Stadtentwicklungsplans STEP 2025 ist die Welterbezone (nur mehr) als *„Zone mit erhöhter Aufmerksamkeit"* für Hochhausbauten ausgewiesen.

Auch wenn in den letzten Jahren grundsätzlich[385] ein positiver Trend der Inkorporierung des „Welterberechts" in bestehende Regelungen zu verzeichnen ist, kann von einer umfassenden Transformation des Übereinkommens in nationales Recht trotz allem noch nicht die Rede sein. Das Problem bleibt damit weiterhin, dass das Übereinkommen bei den normativen Bestimmungen zum nationalen Schutz (Art 4 und 5) im rechtlichen Konfliktfall nur begrenzt unmittelbare Wirkung entfalten kann.

5.4.3 Rechtsprechung

Diese begrenzte Rechtswirksamkeit des Übereinkommens wird auch durch die bisherige österreichische Rechtsprechung sichtbar. Derzeit gibt es nur einige wenige Entscheidung der Verwaltungsgerichtsbarkeit[386] und ein Erkenntnis des VwGH bei denen das Übereinkommen als Rechtsargument eine Rolle spielte. Auch wenn man nicht sagen kann, dass das Übereinkommen ausreichend ausjudiziert ist, sind aus den bisher vorhandenen Entscheidungen rechtserhebliche Schlussfolgerungen zu ziehen:

1) Aus dem Welterbe-Übereinkommen sind keine subjektiven Rechte ableitbar. Einzelne können damit grundsätzlich nicht die Einhaltung von Vorgaben der UNESCO einfordern. Begründet wird dies mit dem völkerrechtlichen Charakter des Übereinkommens und damit, dass die relevanten Bestimmungen nicht ausreichend bestimmt und damit nicht *self-executing* sind (so VwGH 3.10.2013, 2012/09/0075; BVwG 20.8.2014, W1952010422-1; LVwG Salzburg 4.7.2016, 405-3/9/1/22-2016).

2) Das Übereinkommen ist als *„Umweltschutzvorschrift"* iS des § 24f Abs 8 UVP-G einzustufen. Begründet wird dies mit dem weiten Verständnis des

---

385 Mit Ausnahme in Wien, wo in Bezug auf Hochhausbauten die Welterbezone von einer „Ausschlußzone" zu einer „Zone mit erhöhter Aufmerksamkeit" umgewandelt wurde.

386 In Zusammenhang mit dem „Semmering-Basistunnel neu": VwGH 3.10.2013, 2012/09/0075; VwGH 19.12.2013, 2011/03/0160, 0162, 0164, 0165 und VwGH 17.11.2015, 2015/03/0058; und insb. BVwG 21.5.2015, W 102 2012860-1; in Zusammenhang mit Nominierung einer Stätte durch eine Einzelperson: BVwG 20.8.2014, W1952010422-1; in Zusammenhang mit der Babauung der Liegenschaft Dr.-Franz-Rehrl-Platz 4 und 4a in Salzburg Stadt: LVwG Salzburg 4.7.2016, 405-3/9/1/22-2016; in Zusammenhang mit einer Unterschutzstellung nach dem DMSG in Graz: VwGH 20.11.2001, 2001/09/0072.

Begriffs Umweltschutzvorschrift und diesbezüglicher älterer Rechtsprechung sowie mit dem Zweck des Welterbe-Übereinkommens und schließlich mit dem Umstand, dass die Welterbestätten als besonders schutzwürdige Gebiete im UVP-G klassifiziert sind. (So VwGH 19.12.2013, 2011/03/0160, 0162, 0164, 0165). Der Rechtsstreit LVwG Salzburg 405-3/9/1/22-2016 zeigt jedoch auch, dass das UVP-G als Schutzinstrument für Welterbestätten dort seine Grenzen hat, wo Schwellenwerte nicht erreicht werden.

3) Die Art 4 und 5 des Welterbe-Übereinkommens, die die nationale Verpflichtung zum Schutz normieren, werden als zu wenig bestimmt und zu wenig weitreichend eingestuft, als dass ein Verbot abzuleiten ist, einen Baubescheid zu erlassen oder als dass dieser wegen Rechtswidrigkeit aufzuheben ist (so VwGH 19.12.2013, 2011/03/0160, 0162, 0164, 0165; VwGH 17.11.2015, 2015/03/0058).

Die Auslegung von Art 4 und 5 im Erkenntnis VwGH 2011/03/0160, 0162, 0164, 0165 (und VwGH 2015/03/0058) ist zwar grundsätzlich nachvollziehbar, aber sie birgt auch die Gefahr, dass daraus der allgemeine Schluss gezogen wird, dass der nationale Schutz im Übereinkommen bloß eine völkerrechtliche Vorgabe ohne (Rechts-)Pflichten sei. Nachvollziehbar ist, dass das Übereinkommen, das als Völkerrecht konzipiert und in nationales Recht bloß generell transformiert wurde, in einem konkreten Verwaltungsverfahren nur weniger bestimmt und weniger weitreichend sein kann als eine Bauordnung oder Verordnung. Die Auslegung spiegelt aber auch eine Interpretation des Übereinkommens wider, die lange Zeit vorherrschte und von einer oberflächlichen Betrachtung geprägt war.[387] Durch neure Entwicklungen[388] und die vermehrte akademische Auseinandersetzung mit dem Thema, setzte in den letzten Jahren ein Wandel ein. Neuere wissenschaftliche Untersuchungen kommen – wie auch diese Arbeit – vielmehr zum Ergebnis, dass das Welterbe-Übereinkommen beim innerstaatlichen Schutz normativen Charakter besitzt und eine grundsätzliche völkerrechtliche Verpflichtung zum nationalen Schutz normiert (also nicht nur Vorgaben sind). Sichtbar wird diese Auslegung bei der ständigen und übereinstimmenden internationalen Vertragsanwendung und auch das Beispiel der Rechtsprechung in Deutschland zeigt, dass ein Wandel in der Interpretation des

---

387 Der Wortlaut von Art 4 und 5 im Vergleich zu Art 6, die (unpräzise) deutsche Übersetzung des Übereinkommens, sowie die (nicht ganz schlüssigen) Ausführungen in der Regierungsvorlage legten dies nahe. Näheres dazu siehe Kapitel 4.1.

388 Wie die Streichungen von Stätten von der Welterbeliste oder das Setzen auf die Liste des gefährdeten Welterbes.

Welterbe-Übereinkommens eingesetzt hat. Seit dem Brückenstreit im Dresdner Elbtal hat sich die deutsche Rechtsprechung geändert und das Übereinkommen findet nun vermehrt Berücksichtigung bzw wird nationales Recht im Lichte des Völkerrechts ausgelegt.[389]

Die Rechtsprechung des VwGH zeigt damit vielmehr ein Fazit auf: Die innerstaatliche Schutz- und Erhaltungspflicht im Übereinkommen kann ohne nähere Konkretisierung im nationalen Recht wenig normative Wirkung entfalten bzw besteht in Österreich noch keine herrschende Meinung, auf die sich die Rechtsprechung stützen könnte. Damit wird auch hier die Dringlichkeit einer Konkretisierung des Übereinkommens im österreichischen Recht sichtbar.

---

389 Näheres dazu siehe Kapitel 4.1 und hier insb 4.1.1.4, 4.1.1.6 und 4.1.1.8.

6. Schlussfolgerungen und Ausblick

Aus dieser Arbeit konnten insb zwei rechtserhebliche Erkenntnisse gewonnen werden:

1. in Bezug auf den normativen Gehalt der den Vertragsstaaten erwachsenden Verpflichtungen auf nationaler Ebene;
2. in Bezug auf die normative Wirkung des Übereinkommens im nationalen Recht.

6.1 Normativer Gehalt der Verpflichtungen der Vertragsstaaten auf nationaler Ebene

Ziel des Welterbe-Übereinkommens ist der Schutz und Erhalt besonderer Stätten. Zu diesem Zweck verpflichten sich Staaten zum nationalen und internationalen Schutz. Während der Wortlaut zum internationalen Schutz in Art 6 klar und ausreichend determiniert ist – nämlich dass sich Vertragsstaaten zur gegenseitigen Hilfe und zur Unterlassung schädigender Handlungen für (Welterbe-)Stätten in anderen Staaten *verpflichten* –, ist der Wortlaut zum nationalen Schutz in Art 4 und 5 – aufgrund der Unterschiede in den authentischen Sprachfassungen (*„duty"/„obligation"*) und aufgrund des nicht eindeutigen Wortlautes mit *Anerkennung der Aufgabe, alles in ihren Kräften Stehende tun, sich bemühen* und *nach Möglichkeit und Gegebenheit des Landes* – weniger klar und wenig bestimmt, und damit auslegungsbedürftig. Im deutschsprachigen Raum führten speziell der Dresdner Brückenstreit und das umstrittene Heumarkt-Projekt in Wien dazu, dass ein vermehrtes Interesse und eine intensivere wissenschaftliche Auseinandersetzung mit dem Übereinkommen begannen. Trotzdem kann nicht gesagt werden, dass die Bestimmungen zum innerstaatlichen Schutz derzeit ausreichend wissenschaftlich abgehandelt noch, dass diese ausjudiziert sind, als dass von einer herrschenden Auffassung gesprochen werden kann.

Diese Arbeit leistet einen Beitrag in diese Richtung und hat die beiden relevanten Artikel (Art 4 und 5) im Übereinkommen gemäß Art 31 bis 33 WVK unter Heranziehung verschiedener Quellen[390] ausgelegt und einer eingehenden Analyse nach der juristischen Methodenlehre[391] unterzogen.

---

390 Vertragstext, Operative Richtlinien, *travaux préparatoires*, Vertragspraxis, Regierungsvorlage, Rechtsprechung, einschlägige Literatur und Kommentar von *Francioni*.
391 Wortinterpretation, systematische Interpretation, historische Interpretation und teleologische Interpretation.

Folgende Erkenntnisse wurden dabei erlangt und Schlussfolgerungen abgeleitet:

1. Vertragsstaaten trifft gemäß Art 4 eine *allgemeine Pflicht* zum innerstaatlichen Schutz und Erhalt der „eigenen" Welterbestätten,
2. die jedoch gemäß Art 5 *konkret* von jedem Vertragsstaat selber auszugestalten ist und aufgrund des Wortlautes als „*Bemühenspflicht*" bezeichnet werden kann, wobei *Bemühung* nicht *nach Belieben*, sondern *nach Ermessen* bedeutet.

Wie also genau jeder Staat die eigenen (Welterbe-)Stätten schützt, ist iS der Souveränität eine innerstaatliche Angelegenheit. Dies bedeutet jedoch nicht, dass das Übereinkommen dadurch minder verpflichtend ist oder nach Belieben innerstaatlich angewendet werden kann. Der Umkehrschluss wäre nämlich, dass jeder Vertragsstaat Stätten nominieren kann, aber diese dann nicht schützen und erhalten braucht. Dies würde dem Ziel und Zweck des Übereinkommens widersprechen und das Übereinkommen per se ad absurdum führen. Soll Sinn und Zweck des Übereinkommens – also der Schutz und Erhalt bedeutender Stätten auf der Welt – nicht ins Leere laufen, kann die nationale Ebene nicht nur als Recht der Staaten iS ihrer Souveränität gesehen werden, sondern muss auch als Pflicht der Staaten iS einer Grundvoraussetzung gelten. Es ist somit von einer grundsätzlichen innerstaatlichen Schutz- und Erhaltungspflicht auszugehen.

Die Bestimmungen im Übereinkommen sind ihrem Wortlaut nach weder als *Optimierungsgebot* (Pflicht positive Maßnahmen zu setzen) noch als ausschließliches *Frustrationsverbot* (Verbot der Zerstörung) konzipiert. Veränderungen sind demnach in Welterbestätten möglich und nicht im Vornhinein abzulehnen. Sie müssen jedoch im Einklang mit dem ‚außergewöhnlichen universellen Wert' der Welterbestätte und dem ‚Ziel und Zweck des Übereinkommens' erfolgen: Die ‚Welterbeverträglichkeit' kann mittels Gutachten und Studien[392] bewertet werden und wird – wo nötig – letzten Endes vom Welterbekomitee beurteilt. ‚Ziel und Zweck' ist der Schutz und Erhalt nach Bestand und Wertigkeit des außergewöhnlichen universellen Wertes. Bei Abwägungsfällen ist das Übereinkommen seinem Wortlaut nach nicht zwingend vorzuziehen. Es darf aber auch nicht als rein international ausgerichtetes Instrument unberücksichtigt bleiben bzw es kann ihm nicht jegliche normative Wirkung abgesprochen werden. Dem Übereinkommen ist als Staatsvertrag und nach seinem Ziel und Zweck Rechnung zu tragen: Verwaltungsbehörden müssen in ihrem Wirkungsbereich das

---

392 Die UNESCO sieht hier sogenannte „*Heritage Impact Assessments*" (HIA) vor und hat hierfür von ICOMOS Richtlinien entwickeln lassen.

Übereinkommen entsprechend anwenden und iS des Übereinkommens handeln;[393] Gerichte müssen in ihren Entscheidungen das Übereinkommen entsprechend berücksichtigen und vor allem müssen die Gesetzgeber, wo nötig das Übereinkommen konkretisieren und durch erforderliche nationale Bestimmungen flankieren.

6.2 Normative Wirkung des Übereinkommens im nationalen Recht

Österreich ratifizierte das Übereinkommen 1992 verfassungskonform als gesetzesändernder bzw gesetzesergänzender Staatsvertrag gemäß Art 50 Abs 1 B-VG und stufte es als *self-executing* ein. Demnach hat das Übereinkommen einfachen Gesetzesrang und wurde als solches innerstaatlich in Geltung gesetzt und wurde unmittelbar anwendbar, ohne dass es in nationale Rechtsvorschriften umgewandelt wurde (generelle Transformation).

Wie sich jedoch im Laufe der Anwendung und Umsetzung des Übereinkommens herausstellte, reichen die bestehenden gesetzlichen Regelungen (insb das DMSG und die NaturschutzG) nicht aus, um die Welterbestätten umfassend zu schützen. Vielmehr geht der international vorgegebene Welterbeschutz über die derzeit auf Bundes- bzw Landesebene bestehenden gesetzlichen Regelungen (das „Welterberecht" ist als sog Querschnittsmaterie zu klassifizieren) hinaus. Als sich die Konflikte und Probleme in Welterbestätten häuften, kamen die Gesetzgeber ihrer Verpflichtung nach, und sie begannen punktuell das Übereinkommen zu konkretisieren, und Welterbe-Bestimmungen in bestehende nationale Gesetze und Regelungen zu inkorporieren. Wenn dies auch als wichtiger Schritt zu werten ist, so zeigt die bisherige österreichische Rechtsprechung auch, dass das Übereinkommen bei den normativen Bestimmungen zum innerstaatlichen Schutz im rechtlichen Konfliktfall nur sehr begrenzt, bis keine unmittelbare Wirkung entfalten kann.

Die anhaltenden und sich häufenden Konflikte – bis hin, dass eine österreichische Welterbestätte auf die Liste des gefährdeten Welterbes gesetzt wurde – zeigen, dass speziell im Bereich der rechtlichen Regelungen, auch iS der Rechtssicherheit, noch einiges an Arbeit geleistet werden muss. Damit gelten auch für das Welterbe-Übereinkommen die Ausführungen von *Binder/Zemanek*,[394] wonach die unmittelbare Anwendbarkeit von für die innerstaatliche

---

393 Art 18 B-VG Legalitätsprinzip.
394 *Binder/Zemanek* in *Reinisch* Rz 316.

Anwendung bestimmter genereller Rechtsnormen *„den Vollzugsorganen eine große Bürde auf[erlegt], weil sie unter Umständen komplexe Derogationsprobleme zu lösen haben."* Daraus schließen sie:

> *„In einem solchen Fall ist der Erfüllungsvorbehalt selbst bei Verträgen, deren Rechtsvorschriften self-executing sind, zweckmäßig, weil er eine einheitliche Anwendungspraxis sichert und somit der Rechtssicherheit dient."*[395]

Die Möglichkeiten, wie die einer Querschnittsmaterie inhärenten Defizite gemindert werden können, sind vielfältig:[396]

Welterbe spezifische Bestimmungen können in die zahlreichen, die Welterbestätten tangierenden Materiengesetze inkorporiert werden. Dies hat in der Praxis bereits[397] stattgefunden, sich aber oft nicht bewährt, und als langwieriger und umständlicher Prozess erwiesen, der durch die komplexe Kompetenzverteilung bestimmt wird und vom Willen der einzelnen Gebietskörperschaften abhängt.

Alternativ könnte „Welterberecht" – sei es durch Schaffung eines eigenen Kompetenztatbestandes in Art 10 B-VG, sei es in Form einer Kompetenzdeckungsklausel in einem speziellen „Welterbe(schutz)gesetz" – in die ausschließliche Zuständigkeit des Bundes verschoben werden. Damit wäre die Kompetenz für Gesetzgebung und Vollziehung beim Bund konzentriert. Dies würde eine einheitliche Umsetzung garantieren. Sowohl die Schaffung eines eigenen Kompetenztatbestandes als auch eine in ein „Welterbe(schutz)gesetz" implementierte Kompetenzdeckungsbestimmung würde eine Verfassungsmehrheit im Nationalrat nötig machen. Als Vorbild für eine Kompetenzdeckungsklausel könnte hier § 2 Datenschutzgesetz[398] dienen.

Eine weitere Möglichkeit wäre, in den bisher nach Art 15 B-VG von den Ländern wahrgenommenen Fällen, eine Kompetenz gemäß Art 12 B-VG zu schaffen. Diesfalls käme dem Bund die Grundsatzgesetzgebung zu, dem Land die Ausführungsgesetzgebung und die Vollziehung. Dadurch könnten auf der einen Seite Vereinheitlichungseffekte erzielt werden. Auf der anderen Seite bliebe den Ländern ein gewisser Umsetzungsspielraum erhalten. Als Beispiel für eine

---

395 *Ibid.*
396 *Öhlinger/Eberhard* Rz 240 ff.
397 Kapitel 5.2.
398 Bundesgesetz über den Schutz personenbezogener Daten (Datenschutzgesetz – DSG) StF BGBl I 165/1999 idF BGBl 24/2018.

Kombination aus ausschließlicher Bundeszuständigkeit nach Art 10 B-VG auf der eine und einer Kompetenz nach Art 12 B-VG auf der anderen Seite könnte das Elektrizitätswesenrecht, konkret das Bundesgesetz, mit dem die Organisation auf dem Gebiet der Elektrizitätswirtschaft neu geregelt wird[399] herangezogen werden.

Ferner könnten Bund und Länder gemäß Art 15a B-VG Vereinbarungen über gemeinsame Maßnahmen zum Schutz und Erhalt der Welterbestätten schließen (analog zu den Vereinbarungen gemäß Art 15a B-VG über die Nationalparks[400]). Damit könnten Maßnahmen, die verschiedene Kompetenzbereiche im B-VG betreffen, aber für die der politische Wille einer österreichweit möglichst einheitlichen Regelung besteht, aufeinander abgestimmt werden.

Auch wenn rechtlich ohne Bindungswirkung, so sollte auf jeden Fall die Ausarbeitung einer Welterbestrategie in Angriff genommen werden, um der Verwaltung in der Praxis konkrete Leitlinien zur Umsetzung des Übereinkommens in Österreich an die Hand zu geben und nicht ohne Direktive uneinheitlich von Anlassfall zu Anlassfall reagieren zu müssen. Solch eine Strategie sollte durch den/die zuständige/n Bundesminister/in als Vertreter/in des Vertragsstaates, in Absprache mit den Ländern und Gemeinden, sowie mit anderen relevanten Stakeholdern ausgearbeitet werden (als Beispiel sei die Welterbestrategie Finnlands[401] erwähnt).

Sieht man von diesen Vereinheitlichungsmöglichkeiten ab, wäre zu erwägen, im „Welterberecht" besondere Amtsparteien einzurichten, die – analog zu den Umweltanwaltschaften[402] – im Verwaltungsverfahren das Interesse am Schutz und Erhalt des Weltkultur- und Naturerbes wahrnehmen könnten. Damit bestünde ein weisungsfreies und unabhängiges Organ, das den Welterbeschutz aus fachlich-sachlicher Perspektive vertritt und in Welterbe relevanten Verfahren Parteistellung besitzt.

---

399 Bundesgesetz, mit dem die Organisation auf dem Gebiet der Elektrizitätswirtschaft neu geregelt wird (Elektrizitätswirtschafts- und -organisationsgesetz 2010 – ElWOG 2010) StF BGBl I 110/2010 idF BGBl I 108/2017.

400 ZB die Vereinbarung gemäß Artl 15a B-VG zwischen dem Bund und den Ländern Niederösterreich und Wien zur Errichtung und Erhaltung eines Nationalparks Donau-Auen StF BGBl. I 17/1997.

401 *Ministry of Education and Culture, Finland*, Our Common Heritage. For a National World Heritage Strategy (2015).

402 http://umweltanwaltschaft.at (abgefragt am 22.11.2018).

Angesichts dieser Möglichkeiten gibt es keine Rechtfertigung dafür, eine solche Umsetzung nicht in Angriff zu nehmen, weil die Lücke zwischen internationaler Verpflichtung und nationaler Umsetzung jedenfalls mit Mitteln des nationalen Rechts geschlossen werden kann. Damit wäre auch iSd rechtsstaatlichen Prinzips die Rechtssicherheit mit ihren Elementen Rechtsklarheit, Verlässlichkeit, Berechenbarkeit und Erkennbarkeit des Rechts[403] gewährleistet.

---

403 Zu Rechtssicherheit ua *Kampmann/Niggemann* (Hrsg.), Sicherheit in der Frühen Neuzeit. Norm, Praxis, Repräsentation; insb Sektion X Rechtssicherheit: Sicherheit durch Recht oder Sicherheit des Rechts (2013) 625 ff.

Literaturverzeichnis

Battini, Stefano, The procedural side of legal globalization: The case of the World Heritage Convention, in International Journal of Constitutional Law, Band 9, Ausgabe 2, Oxford University Press 2011

Binder, Bruno/Trauner, Gudrun, Öffentliches Recht – Grundlagen, Lehrbuch, 4. Aufl., Wien 2016

Binder, Christina/Zemanek, Karl, Das Völkervertragsrecht, in *Reinisch, August* (Hrsg.), Österreichisches Handbuch des Völkerrechts, Band I, 5. Aufl., Wien 2013

Cameron, Christina/Rössler, Mechtild, Many Voices, One Vision: The Early Years of the World Heritage Convention, Farnham 2013

Carducci, Guido, Articles 4–7. National and International Protection of the Cultural and Natural Heritage, in *Francioni, Francesco* (Hrsg.), The 1972 World Heritage Convention. A Commentary, Oxford University Press 2008

Dudenredaktion (Hrsg.), Duden. Das Synonymwörterbuch: Ein Wörterbuch sinnverwandter Wörter, Band 8, 6. Aufl., Mannheim-Zürich 2014

Fastenrath, Ulrich, Das UNESCO-Übereinkommen zum Schutz des Kultur- und Naturerbes der Welt und seine Wirkung im deutschen Recht, in Archiv des Völkerrechts, Band 54, Tübingen 2016

Fastenrath, Ulrich, Dresden, Der Schutz des Weltkulturerbes in Deutschland. Zur Innerstaatlichen Wirkung von völkerrechtlichen Verträgen ohne Vertragsgesetz (Verwaltungsabkommen iSd Art 59 Abs 2 Satz 2 GG), in Die Öffentliche Verwaltung/DÖW, Heft 24, Stuttgart 2006

Francioni, Francesco, Plurality and Interaction of legal orders in the Enforcement of Cultural Heritage Law, in *Francioni, Francesco/Gordley, James* (Hrsg.), Enforcing International Cultural Heritage Law, Oxford 2013

Francioni, Francesco (Hrsg.), The 1972 World Heritage Convention. A Commentary, Oxford University Press 2008

Grabenwarter, Christoph, Völkerrecht, Recht der Europäischen Union und nationales Recht, in *Reinisch, August* (Hrsg.), Österreichisches Handbuch des Völkerrechts, Band I, 5. Aufl., Wien 2013

Goodwin, Edward, The Consequences of Deleting World Heritage Sites, King's Law Journal, Band 21, Ausgabe 2, King's College London 2010

Hönes, Ernst-Rainer, Welterbekonvention und nationales Recht, in ICOMOS-Hefte des Deutschen Nationalkomitees, Band 57, Berlin 2013

Kampmann, Christoph/Niggemann, Ulrich (Hrsg.), Sicherheit in der Frühen Neuzeit. Norm, Praxis, Repräsentation, Köln 2013

Kerschner, Ferdinand, Wissenschaftliche Arbeitstechnik und Methodenlehre für Juristen, 6. Aufl., Wien 2014

Kilian, Michael, Die Weltkulturerbeliste der UNESCO aus völkerrechtlicher und aus nationalstaatlicher Sicht, in *Fischer-Czermak, Constanze/Kletečka, Andreas/Schauer, Martin/Zankl, Wolfgang* (Hrsg.), Festschrift Rudolf Welser zum 65. Geburtstag, Wien 2004

Leitl, Barbara, Überörtliche und örtliche Raumplanung, in *Hauer, Andreas/Nußbaumer, Markus* (Hrsg.), Österreichisches Raum- und Fachplanungsrecht, Linz 2006

Lenzerini, Federico, Article 12. Protection of Properties Not Inscribed on the World Heritage List, in *Francioni, Francesco* (Hrsg.), The 1972 World Heritage Convention. A Commentary, Oxford University Press 2008

Lenzerini, Federico, Articles 30–33 and 35–38. Final Clauses, in *Francioni, Francesco* (Hrsg.), The 1972 World Heritage Convention. A Commentary, Oxford University Press 2008

Mairitsch, Mona, UNESCO-Welterbe – Schutz und Erhalt als nationale Aufgabe. Eine Themenskizze, in Bulletin Kunst & Recht, Doppelausgabe 2016/2, 2017/1, Wien 2017

Möllers, Thomas M.J., Juristische Arbeitstechnik und wissenschaftliches Arbeiten, 9. Aufl., München 2018

Odendahl, Kerstin, Kulturgüterschutz: Entwicklung, Struktur und Dogmatik eines ebenenübergreifenden Normensystems, Tübingen 2005

Öhlinger, Theo, Art 50 B-VG, in *Korinek, Karl/Holoubek, Michael (Hrsg.)*, Österreichisches Bundesverfassungsrecht, Textsammlung und Kommentar, 9. Lfg., Wien 2009

Öhlinger, Theo/Eberhard, Harald, Verfassungsrecht, 11. Aufl., Wien 2016

O'Keef, Patrick J. (Hrsg.), Cultural heritage conventions and other instruments: a compendium with commentaries, Leicester 2011

Perthold-Stoitzner, Bettina, Das Übereinkommen zum Schutz des Kultur- und Naturerbes der Welt aus völkerrechtlicher und innerstaatlicher Sicht, in Journal für Rechtspolitik, Jahrgang 19, Wien 2011

Pfeifle, Florian, UNESCO-Weltkulturerbe: Vom globalen Völkerrecht zur lokalen Infrastrukturplanung, in Schriften zum Öffentlichen Immobilienrecht und Infrastrukturrecht, Band 4, Köln 2010

Pfeifle, Florian, The 1972 World Heritage Convention. A Commentary, Rezension, in Archiv des Völkerrechts, Band 47, Heft 1, Tübingen 2009

Reinisch, August/Neuhold, Hanspeter, Grundlagen und Rahmenbedingungen des heutigen Völkerrechts, in *Reinisch, August* (Hrsg.), Österreichisches Handbuch des Völkerrechts, Band I, 5. Aufl., Wien 2013

Schroeder, Werner/Karl, Wolfram, Sonstige Quellen, in *Reinisch, August* (Hrsg.), Österreichisches Handbuch des Völkerrechts, Band I, 5. Aufl., Wien 2013

Schroeder, Werner/Schreuer, Christoph, Beschlüsse internationaler Organisationen, in *Reinisch, August* (Hrsg.), Österreichisches Handbuch des Völkerrechts, Band I, 5. Aufl., Wien 2013

Seifert, Philip, Das UNESCO-Übereinkommen zum Schutz des Kultur- und Naturerbes der Welt und die Rechtsordnung der Bundesrepublik Deutschland, Berlin 2016

Stangl, Florian, Die UVP-Pflicht von Vorhaben in und um UNESCO-Welterbestätten, in Recht und Umwelt, Heft 3, Wien 2012

Wieshaider, Wolfgang, Zum Schutz des universellen Kultur- und Naturerbes in Österreich, in *Konrad, Heimo* (Hrsg.), Rechtsprobleme im Kulturbetrieb, Wien 2015

Wolf, Rainer, Weltkulturvölkerrecht und nationalstaatliche Umsetzung, in Natur und Recht, Band 30, Ausgabe 5, Berlin Heidelberg 2008

Rechtsprechung

BVerfG 29.5.2007, 2 BvR 695/07

VfGH 2.10.2013, V19/2011

VfSlg 17.977/2006, 17.815/2006

VwGH 20.11.2001, 2001/09/0072

VwGH 3.10.2013, 2012/09/0075

VwGH 19.12.2013, 2011/03/0160, 0162, 0164, 0165

VwGH 17.11.2015, 2015/03/0058

BVwG 20.8.2014, W1952010422-1

BVwG 21.5.2015 Zlen W102 2009977-1/36E, W102 2012860-1/18E, W102 2010629-1/14E, W102 2012548-1/15E, W102 2010608-1/16E, W102 2009137-1/16E, W102 2015000-1/11E

LVwG Salzburg 4.7.2016, 405-3/9/1/22-2016

Normen

Bundesgesetz, mit dem die Organisation auf dem Gebiet der Elektrizitätswirtschaft neu geregelt wird (Elektrizitätswirtschafts- und -organisationsgesetz 2010 – ElWOG 2010), StF BGBl I 110/2010 idF BGBl I 108/2017

Bundesgesetz über den Schutz personenbezogener Daten (Datenschutzgesetz – DSG), StF BGBl I 165/1999 idF BGBl 24/2018

Bundesgesetz über die Prüfung der Umweltverträglichkeit (Umweltverträglichkeitsprüfungsgesetz 2000 – UVP-G 2000), StF BGBl 697/1993 idF BGBl I 111/2017

Bundes-Verfassungsgesetz (B-VG), StF BGBl 1/1930 (WV) idF BGBl I 22/2018

Convention Concerning the Protection of the World Cultural and Natural Heritage, Adopted by the General Conference at its seventeenth session, Paris, 16 November 1972

Grazer Altstadterhaltungsgesetz 2008 – GAEG 2008, StF LGBl 96/2008 idF 28/2015

Konvention zum Schutz von Kulturgut bei bewaffneten Konflikten, The Hague, 14. Mai 1954, BGBl 58/1964

Kundmachung der Bundesrepublik Deutschland: BGBl 1977 II 10, *Bundesanzeiger Verlag GmbH*, Evidenzzentrale, herausgegeben vom Bundesministerium für Justiz und für Verbraucherschutz, http://www.bgbl.de/xaver/bgbl/start.xav?start=//*%5B@attr_id=%27bgbl202005.pdf%27%5D__bgbl__%2F%2F*%5B%40attr_id%3D%27bgbl277s0213.pdf%27%5D__1472205084767 (zuletzt abgefragt am 30.9.2018)

Kundmachung der Bundesrepublik Österreich: BGBl 60/1993, zuletzt geändert durch BGBl III 84/2017; *Bundeskanzleramt*, Rechtsinformationssystem, https://www.ris.bka.gv.at/GeltendeFassung.wxe?Abfrage=Bundesnormen&Gesetzesnummer=10009863 (zuletzt abgefragt am 30.9.2018)

Kundmachung der Schweizerischen Eidgenossenschaft: BBl 1974 II 549, *Der Bundesrat*, Das Portal der Schweizer Regierung, Systematische Rechtssammlung, https://www.admin.ch/opc/de/classified-compilation/19720322/index.html (zuletzt abgefragt am 30.9.2018)

Landesentwicklungsprogramm Burgenland-LEP, Verordnung der Burgenländischen Landesregierung vom 29. November 2011, LGBl 71/2011

NÖ Bauordnung 2014 (NÖ BO 2014), StF LGBl 1/2015 idF LGBl 53/2018

NÖ Raumordnungsgesetz 2014 (NÖ ROG 2014), StF LGBl 3/2015 idF LGBl 71/2018

Salzburger Altstadterhaltungsgesetz 1980, StF LGBl 50/1980 idF 8/2017

Salzburger Stadtrecht 1966, StF LGBL 47/1966 idF 19/2016

Übereinkommen über Maßnahmen zum Verbot und zur Verhütung der unzulässigen Einfuhr, Ausfuhr und Übereignung von Kulturgut, Paris, 14. November 1970, BGBl III 139/2015

Übereinkommen zum Schutz des Kultur- und Naturerbes der Welt, beschlossen von der Generalkonferenz bei seiner 17. Sitzung, Paris, 16. November 1972, BGBl 60/1993

Vereinbarung gemäß Artikel 15a B-VG zwischen dem Bund und den Ländern Niederösterreich und Wien zur Errichtung und Erhaltung eines Nationalparks Donau-Auen, StF BGBl. I 17/1997

Verfassung der Organisation der Vereinten Nationen für Erziehung, Wissenschaft und Kultur (UNESCO), BGBl 49/1949

Verordnung der Oberösterreichischen Landesregierung betreffend das Oö Landesraumordnungsprogramm 2017 (Oö LAROP 2017) LGBl 21/2017

Verordnung über die Landschaftsschutzgebiete StF LGBl 5500/35-0 idF 5500/35-10 (aufgrund des NÖ Naturschutzgesetzes 2000 LGBl 5500-0)

Wiener Stadtentwicklungs-, Stadtplanungs- und Baugesetzbuch (Bauordnung für Wien – BO für Wien), StF LGBl 30/1930 idF 37/2018

Wiener Übereinkommen über das Recht der Verträge, Wien, 23. Mai 1969, BGBl 1980/40

Rechtsquellen und sonstige amtliche Dokumente

Amt der NÖ Landesregierung, Gruppe Raumordnung, Umwelt und Verkehr – Abteilung Raumordnung und Regionalpolitik, Strategie Niederösterreich. Landesentwicklungskonzept, St. Pölten 2004

Bericht des Außenpolitischen Ausschusses über den Beschluß des Nationalrates am 12. November 1992 betreffend ein Übereinkommen zum Schutz des Kultur- und Naturerbes der Welt samt österreichischer Erklärung, 4362 der Beilagen zu den Stenographischen Protokollen des Bundesrates

Bericht des Außenpolitischen Ausschusses über die Regierungsvorlage (644 der Beilagen): Übereinkommen zum Schutz des Kultur- und Naturerbes der Welt samt österreichischer Erklärung, 727 der Beilagen zu den Stenographischen Protokollen des Nationalrates XVIII. GP

Bundesdenkmalamt, Denkmalverzeichnis, Denkmalliste Wien, Stand 18.1.2018

Bundesgesetzblatt für die Republik Österreich, Jahrgang 1993, ausgegeben am 28. Jänner 1993, 29. Stück, 60

Gutachten der Bundesregierung betreffend die innerstaatliche Bindungswirkung des UNESCO-Übereinkommens zum Schutz des Natur- und Kulturerbes der Welt, 2008. Das Gutachten wurde von der Deutschen Bundesregierung auf Bitte der Konferenz der Regierungschefs der Länder in Zusammenhang mit der nach den Beschlüssen des Bundesverfassungsgerichts vom 20. Mai 2007 und des Sächsischen Oberverwaltungsgerichts vom 9. März 2007 aufgetretenen Rechtsfrage zur innerstaatlichen Geltung der Welterbekonvention erstellt.

International Law Commission, A/CN.4/660, First report on subsequent agreements and subsequent practice in relation to treaty interpretation, by Georg Nolte, Special Rapporteur, 19 March 2013

International Law Commission, A/CN.4/671, Second report on subsequent agreements and subsequent practice in relation to the interpretation of treaties, by Georg Nolte, Special Rapporteur, 26 March 2014

International Law Commission, A/CN.4/683, Third report on subsequent agreements and subsequent practice in relation to the interpretation of treaties, by Georg Nolte, Special Rapporteur, 7 April 2015

International Law Commission, A/CN.4/694, Fourth report on subsequent agreements and subsequent practice in relation to the interpretation of treaties, by Georg Nolte, Special Rapporteur, 7 March 2016

Kundmachung des Bundeskanzlers betreffend das Kultur- und Naturerbe auf dem Gebiet der Republik Österreich, das in die Liste des Erbes der Welt aufgenommen wurde, BGBl III 94/2008 und BGBl III 105/2012

Magistratsabteilung 18, Stadtentwicklung Wien, Hochhäuser in Wien. Städtebauliche Leitlinien, Wien 2002

Magistratsabteilung 21 – Stadtteilplanung und Flächennutzung, Fachkonzept Hochhäuser. Strategien zur Planung und Beurteilung von Hochhausprojekten, von der Stadtentwicklungskommission am 11. November 2014 zur Kenntnis genommen und vom Wiener Gemeinderat am 19. Dezember 2014 beschlossen inkl. „*Resolution über Schutz und Entwicklung des historischen Stadtzentrums der Stadt Wien*", am 5. Mai 2017 vom Gemeinderat verabschiedet, https://www.wien.gv.at/stadtentwicklung/strategien/step/pdf/resolutionsantrag-hochhaeuser.pdf und https://www.wien.gv.at/infodat/ergdt?detvid=115713 (zuletzt abgefragt am 10.5.2018)

Ministerialentwurf, Bundesgesetz, mit dem das Umweltverträglichkeits-prüfungsgesetz 2000 geändert wird (UVP-G-Novelle 2009), 26/ME XXIV. GP, Vorblatt und Erläuterungen

Ministry of Education and Culture, Finland, Our Common Heritage. For a National World Heritage Strategy, 2015

Österreichische Stellungnahme zu den Entwürfen (Empfehlung und Übereinkommen) UNESCO Document SHC/MD/18 Annex I Replies to Circular Letter Cl/2156 and to Document SHC/MD/17 received from States on 14 January 1972

Recommendation concerning the Protection, at National Level, of the Cultural and Natural Heritage, Adopted by the General Conference at its seventeenth session, Paris, 21. November 1972

Regierungsprogramm, Zusammen. Für unser Österreich. Regierungsprogramm 2017–2022

Regierungsvorlage, Übereinkommen zum Schutz des Kultur- und Naturerbes der Welt samt österreichischer Erklärung, 644 der Beilagen zu den Stenographischen Protokollen des Nationalrates XVIII. GP, Vorblatt und Erläuterungen

Stenographisches Protokoll, 88. Sitzung des Nationalrates der Republik Österreich, XVIII. GP

Stenographisches Protokoll, 561. Sitzung des Bundesrates der Republik Österreich, 19. November 1992

The Operational Guidelines for the Implementation of the World Heritage Convention, StF CC-77/CONF.001/8 idF WHC.17/01, 12 July 2017

UNESCO Document Records of the General Conference, Fourteenth Session, Paris, 1966, Resolutions

UNESCO Document Records of the General Conference, Fifteenth Session, Paris, 1968, Resolutions

UNESCO Document SCH/CS/27/8, Final Report, Meeting of Experts to co-ordinate, with a view to their international adoption, principles and scientific, technical and legal criteria applicable to the protection of cultural property, monuments and sites, Paris, 26.2.–1.3.1968

UNESCO Document SHC/MD/4, Final Report, Meeting of Experts to establish an international system for the protection of monuments, groups of buildings and sites of universal interest, Paris, 21–25 July 1969

UNESCO Document 84 EX/14, 84. UNESCO Exekutivrat, Possible International Instrument for the Protection of Monuments and Sites of Universal Value, 22 April 1970

UNESCO Document Records of the General Conference, Sixteenth Session, Paris, 1970, Resolutions

UNESCO Document SHC/MD/17, International Instruments for the Protection of Monuments, Groups of Buildings and Sites, Preliminary Report, 30 June 1971

UNESCO Document A/CONF.48/IWGC.I/3, Draft Convention on Conservation of the World Heritage, July 1971

UNESCO Document CL/2156, Circular Letter, 20 July 1971

UNESCO Document SHC/MD/18, International Regulations for the Protection of Monuments, Groups of Buildings and Sites, 21 February 1972, Summery of Replies of Member States, Report and Draft of Recommendation and Convention

UNESCO Document SHC/72-CONF.37/3, Note of the General Secretariat of the United Nations Conference on the Human Environment, 6 April 1972

UNESCO Document SHS.72/CONF.37/19, Final Report, Special Committee of Government Experts to prepare a Draft Convention and a Draft Recommendation to Member States concerning the protection of monuments, groups of buildings and sites, Paris, 4–22 April 1972

UNESCO Document SHS.72/CONF.37/22, List of participants

UNESCO Document 17 C/18, Draft Convention for the Protection of the World Cultural and Natural Heritage and Draft Recommendation Concerning the Protection, at national level, of the Cultural and Natural Heritage, 15 June 1972

UNESCO Document Records of the General Conference, Seventeenth Session, Paris, 1972, Volume 1, Resolutions

UNESCO Document Records of the General Conference, Seventeenth Session, Paris, 1972, Volume 2, Reports, Programme Commissions, Administrative Commission, Legal Committee

UNESCO Document Records of the General Conference, Seventeenth Session, Paris, 1972, Volume 3, Proceedings, verbatim records

UNESCO Document 17 C/106, 15. November 1972, Draft Convention for the Protection of the World Cultural and Natural Heritage, submitted by the Director-General to UNESCO's General Conference, Seventeenth Session, Paris, 1972

UNESCO Document Thirty-second plenary meeting, 16 November 1972, at 10.10 am, President: Mr Haguiwara (Japan), Report Commission II (continued)

UNESCO Document CC-78/CONF.Ol0/10 Rev., Final Report of the Second Session of the Intergovernmental Committee for the Protection of the World Cultural and Natural Heritage, Washington D.C, USA, 5–8 September 1978

UNESCO Document CC-79/CONF.003/13, Paris, 30 November 1979, Report of the Rapporteur on the Third Session of the Intergovernmental Committee, Cairo and Luxor, 22–26 October 1979

UNESCO Document SHS/76/conf.014/COL.9, Annex II List of Participants, Summary Record General Assembly of States Parties to the Convention Concerning the Protection of the World Cultural and Natural Heritage, Nairobi, 26 November 1976

UNESCO Document WHC-94/CONF.003/INF.9, Global Strategy for a Representative, Balanced, and Credible World Heritage List, Paris, 13 October 1994, Progress Report WHC-09/17.GA/9

UNESCO Document Decision CONF 204 X.C.1, The Wachau Cultural Landscape (Austria)

UNESCO Document Decision 41 COM 7B.42, Historic Centre of Vienna (Austria) (C1033)

Vertragsverletzungsverfahren Nr. 2006/2268 wegen nicht konformer Umsetzung der UVP-RL 85/337/EWG

Internetquellen

Sitzung des Welterbe Komitees zum Nachhören, https://www.youtube.com/playlist?list=PLWuYED1WVJIN_IhPNh90NK6nxg6qcylDr (zuletzt abgefragt am 15.10.2018)

Arabian Oryx Sanctuary, Oman, http://whc.unesco.org/en/list/654 (abgefragt am 11.10.2018)

Brief History UNESCO WHC Website, http://whc.unesco.org/en/convention/brief history (zuletzt abgefragt am 11.10.2018)

Bundesdenkmalamt, Denkmalverzeichnis, Denkmalliste Wien, Stand 18.1.2018, https://bda.gv.at/fileadmin/Dokumente/bda.gv.at/Publikationen/Denkmalverzeichnis/Oesterreich_PDF/Wien_2018.pdf (zuletzt abgefragt am 29.11.2018).

Convention Concerning the Protection of the World Cultural and Natural Heritage, Adopted by the General Conference at its seventeenth session, Paris, 16 November 1972, in allen sechs UN-Sprachen, http://whc.unesco.org/en/conventiontext/ (zuletzt abgefragt am 29.11.2018)

Description Wachau Cultural Landscape, http://whc.unesco.org/en/list/970 (abgefragt am 14.11.2018)

Duden Onlinewörterbuch, Bedeutungen, Beispiele und Wendungen, www.duden.de

Entscheidungen des Welterbe Komitees, http://whc.unesco.org/en/decisions/ (zuletzt abgefragt am 28.11.2018)

Fachkonzept des STEP 2025 HOCHHAUSKONZEPT WIEN – Strategien zur Planung und Beurteilung von Hochhausprojekten, Beschluss, https://www.wien.gv.at/infodat/ergdt?detvid=107547 (abgefragt am 13.10.2018)

Gutachten der Bundesregierung betreffend die innerstaatliche Bindungswirkung des UNESCO-Übereinkommens zum Schutz des Natur- und Kulturerbes der Welt, http://www.neue-waldschloesschenbruecke.de/content/unesco/Gutachten_Bindungswirkung_UNESCO-Konvention-Welterbe.pdf (zuletzt abgefragt am 11.10.2018)

Historical Development, The Operational Guidelines for the Implementation of the World Heritage Convention, http://whc.unesco.org/en/guidelines/ (abgefragt am 11.10.2018)

Most-ratified international treaties, https://blogs.un.org/blog/2012/09/24/most-ratified-international-treaties/ (abgefragt am 4.11.2018)

Pressekonferenz zum „Weltkulturerbe Wien" am 1. Februar 2018, https://m.youtube.com/watch?v=yLJYwyrwWm0 (abgefragt am 5.2.2018)

Strategie Niederösterreich. Landesentwicklungskonzept (2004), http://www.noe.gv.at/noe/Raumordnung/Das-NOE-Landesentwicklungskonzept.html (abgefragt am 11.9.2018)

States Parties to the World Heritage Convention, in chronological order, http://www.unesco.org/eri/la/convention.asp?KO=13055&language=E (abgefragt am 29.11.2018)

The Operational Guidelines for the Implementation of the World Heritage Convention, http://whc.unesco.org/en/guidelines/ (zuletzt abgefragt am 29.11.2018)

The Tentative Lists, http://whc.unesco.org/en/tentativelists/ (abgefragt am 22.10.2018)

Überblick über die österreichischen Weltererbestätten, https://www.unesco.at/kultur/welterbe/die-oesterreichischen-welterbestaetten/ (zuletzt abgefragt am 29.11.2018)

Umweltanwaltschaften, http://umweltanwaltschaft.at (abgefragt am 22.11.2018)

UNESCO International campaign for the safeguarding of Venice. Review of results, http://unesdoc.unesco.org/images/0009/000946/094690EB.pdf (abgefragt am 11.10.2018)

UNESCO rescue campaign of Nubian Monuments and Sites, http://whc.unesco.org/en/activities/173/ (abgefragt am 11.10.2018)

UNESCO-Welterbeliste, http://whc.unesco.org/en/list/ (zuletzt abgefragt am 29.11.2018)

United Nations Educational, Scientific and Cultural Organization (UNESCO), www.unesco.org (zuletzt abgefragt am 29.11.2018)

Wiener Gemeinderat, 61. Sitzung, 19.12.2014,

Wiener Stadtentwicklungsstrategien, https://www.wien.gv.at/stadtentwicklung/ strategien/ und https://www.wien.gv.at/stadtentwicklung/grundlagen/ hochhauskonzept/leitlinien-2001/index.html (abgefragt am 13.10.2018)

VÖLKERRECHT, EUROPARECHT UND
INTERNATIONALES WIRTSCHAFTSRECHT

Herausgegeben von Peter Hilpold und August Reinisch

Band 14   Werner Schroeder/Jelka Mayr-Singer (Hrsg.): Völkerstrafrecht, Rechtsschutz und Rule of Law. Das Individuum als Herausforderung für das Völkerrecht. Beiträge zum 34. Österreichischen Völkerrechtstag 2009 in Tramin/Südtirol. 2011.

Band 15   Werner Petritz: Vor dem Aus? Der Vertrag über die Nichtweiterverbreitung von Kernwaffen. Funktion und Relevanz anhand zweier Beispiele. 2012.

Band 16   Kirsten Schmalenbach (Hrsg.): Aktuelle Herausforderungen des Völkerrechts. Beiträge zum 36. Österreichischen Völkerrechtstag 2011. Unter Mitarbeit von Lando Kirchmair. 2012.

Band 17   Ruth Steger: Staatenimmunität und Kriegsverbrechen. Das IGH-Urteil im Verfahren Deutschland gegen Italien vom 03.02.2012. 2013.

Band 18   Christoph Vedder (Hrsg.): Völkerrecht 2012. Richterliche Praxis und politische Realität. Beiträge zum 37. Österreichischen Völkerrechtstag 2012. Unter Mitarbeit von Manuel Indlekofer. 2013.

Band 19   Wolfgang Benedek/Hans-Peter Folz/Hubert Isak/Matthias C. Kettemann/Renate Kicker (Hrsg.): Bestand und Wandel des Völkerrechts. Beiträge zum 38. Österreichischen Völkerrechtstag 2013 in Stadtschlaining. 2014.

Band 20   Andrea Bockley/Ursula Kriebaum/August Reinisch (Hrsg.): Nichtstaatliche Akteure und Interventionsverbot. Beiträge zum 39. Österreichischen Völkerrechtstag 2014 in Klosterneuburg. 2015.

Band 21   Caroline U. Amann: The EU Education Policy in the Post-Lisbon Era. A Comprehensive Approach. 2015.

Band 22   Karl Edlinger: Die völkerrechtliche Klassifizierung bewaffneter Konflikte. Konflikttypen, Abgrenzungen sowie Rechtsfolgen und deren Auswirkungen auf die Planung und Durchführung militärischer Operationen. 2016.

Band 23   Elisabeth Parteli: Pressefreiheit und Persönlichkeitsschutz. Ein Leitfaden für die journalistische Praxis. Das Spannungsverhältnis zwischen der Freiheit der Äußerung und dem Schutz der Persönlichkeitsrechte unter besonderer Berücksichtigung der Abgrenzung von Tatsachenbehauptung und Werturteil der Rechtsprechung des Europäischen Gerichtshofs für Menschenrechte zu Artikel 10 EMRK. 2017.

Band 24   Anna Fischer: Sezession im Völkerrecht – Faktisches Phänomen oder reale Utopie. Die Geschichte eines Prinzips im Lichte eines unglücklichen Präzedenzfalls. 2017.

Band 25   Ruth Steger: Aut dedere aut iudicare. Inhalt und aktuelle Entwicklungen rund um die völkerrechtliche Verpflichtung zur Strafverfolgung oder Auslieferung. 2017.

Band 26   Dominik Brunner: Der „DARIO" - Artikelentwurf über die Verantwortlichkeit Internationaler Organisationen. 2018.

Band 27   Mona Mairitsch: UNESCO-Welterbe auf nationaler Ebene: Verpflichtungen und Herausforderungen. Am Beispiel Österreichs. 2019.

www.peterlang.com